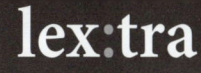

AF217389

Jeden Tag ein bisschen ...
Spanisch

Block mit 99 Sprachspielen,
Rätseln und mehr

Andrea Bucheli

Cornelsen

Jeden Tag ein bisschen …
Spanisch
von Andrea Bucheli

Redaktion: Franziska Pannhorst
Redaktionelle Mitarbeit: Margarita Sandoval
Landeskunde: Anna Koltermann, Dr. Benedikt Model
Projektleitung: Sinéad Butler
Layout und technische Umsetzung: Stefan Müssigbrodt, Berlin
Umschlaggestaltung: Cornelsen Verlag Design / Klein & Halm Grafikdesign, Berlin
Umschlagfoto: JUNOPHOTO, Berlin

Fotos: Fotos: Cornelsen Verlag: Anna Koltermann, Tag 91; Fotolia (RF): Tag 17; Alexander, Tag 23; Heino Pattschull, Tag 31 (Flaschen); seite3, Tag 31 (Butter); Orlando Bellini, Tag 31 (Mais); Fremdenverkehrsämter (RF): Madrid, Tag 4; iStockphoto (RF): Franck Boston, Tag 10; Bartosz Hadyniak, Tag 18; Juanmonino, Tag 32 (Calamares); E. Bochkarev, Tag 32 (Krake); aidaricci, Tag 32 (Tortilla); Tag 32 (Oliven); A. Bramwell, Tag 32 (Chorizo).
Illustrationen: Laurent Lalo, werkstatt für gebrauchsgrafik (Tag 43)

Weitere Sprachen in dieser Reihe:
978-3-589-01929-8 Lextra Jeden Tag ein bisschen … Englisch
978-3-589-01958-8 Lextra Jeden Tag ein bisschen … Französisch
978-3-589-01931-1 Lextra Jeden Tag ein bisschen … Italienisch
978-3-589-02028-7 Lextra Jeden Tag ein bisschen … Latein

www.cornelsen.de
www.lextra.de

Die Webseiten Dritter, deren Internetadressen in diesem Lehrwerk angegeben sind, wurden vor Drucklegung sorgfältig geprüft. Der Verlag übernimmt keine Gewähr für die Aktualität und den Inhalt dieser Seiten oder solcher, die mit ihnen verlinkt sind.

1. Auflage, 4. Druck 2023

Alle Drucke dieser Auflage sind inhaltlich unverändert
und können im Unterricht nebeneinander verwendet werden.

Druck: H. Heenemann, Berlin

ISBN 978-3-589-01930-4

PEFC zertifiziert
Dieses Produkt stammt aus nachhaltig bewirtschafteten Wäldern und kontrollierten Quellen.

PEFC
PEFC/04-31-1156

www.pefc.de

Herzlich Willkommen!

Mit diesem Block haben Sie die Möglichkeit, 99 Tage lang nebenbei und spielerisch Ihre verschütteten Kenntnisse der spanischen Sprache wieder aufzufrischen oder kürzlich Gelerntes zu festigen.

Auf jeder der 99 Seiten gibt es Interessantes zu lesen oder Sprachspiele zu bearbeiten. Durch das bequeme Blockformat können Sie für den Urlaub oder den Weg zur Arbeit entweder alles mitnehmen oder einfach nur die gewünschte Anzahl von Blättern abreißen und einstecken.

Die 99 Tage bestehen analog zu einer Woche aus Einheiten mit je sieben Tagen. Vom ersten bis zum fünften Tag jeder Woche lösen Sie Kreuzworträtsel, bauen Ihren Wortschatz aus oder üben Strukturen. Blättern Sie um und nehmen Sie sich kurz Zeit Ihren Kenntnisstand zu prüfen. Was haben Sie schon richtig gemacht, was möchten Sie lieber noch mal wiederholen?

Am sechsten Tag resümieren Sie die vorangegangenen Tage mit einem kleinen Test – und am siebten Tag können Sie zur Erholung Interessantes und Nützliches über Land und Leute in Erfahrung bringen. Im Anhang finden Sie zum Nachschlagen eine Zusammenstellung der wichtigsten Redewendungen.

Da wir eine alltagstaugliche Sprache vermitteln wollen, verwenden wir Spanisch sowohl aus Spanien (Sp.) als auch aus Lateinamerika (L.A.) und gehen auf beide Regionen in den Landeskundetexten ein.

Lerntempo und -menge bestimmen Sie über den gesamten Zeitraum selbst – aber Vorsicht: Sprachspiele können süchtig machen! Wir wünschen Ihnen viel Spaß beim Spanischlernen mit *Jeden Tag ein bisschen ...!*

Autoren und Redaktion

A. Ordnen Sie die Begrüßungsformen den Uhrzeiten zu.

1	¡Hola!	a	14.00 – 20.00
2	Buenas tardes	b	00.00 – 00.00
3	Buenos días	c	20.00 – 00.00
4	Buenas noches	d	00.00 – 14.00

B. Vervollständigen Sie den Dialog mit folgenden Ausdrücken.

Y tú – también – dónde – Mucho gusto

- ¡Hola! Soy Manuel. Y tú, ¿cómo te llamas?
- _____ , Manuel. Soy María.
- Encantado, María. ¿De _____ eres?
- De Madrid. ¿ _____?
- ¡Ah! Yo _____ soy de Madrid.

¡Encantado!

➜ *Auflösung
Siehe nächste Seite*

TAG 01

Auflösung:

A. **1** b – **2** a – **3** d – **4** c

B. • ¡Hola! Soy Manuel. Y tú, ¿cómo te llamas?
- Mucho gusto, Manuel. Soy María.
- Encantado, María. ¿De dónde eres?
- De Madrid. ¿Y tú?
- ¡Ah! Yo también soy de Madrid.

Erfolgs-Check

Übung absolviert am:	fiel mir leicht	möchte ich wiederholen
-------------------------	☐	☐
-------------------------	☐	☐
-------------------------	☐	☐

A. Ergänzen Sie die männliche bzw. weibliche Form.

1 el profesor _____

2 _____ la médica

3 el camarero _____

4 _____ la doctora

5 el abogado _____

6 _____ la taxista

7 el psicólogo _____

B. Ergänzen Sie mit der passenden Pluralform.

1 el profesor _____

2 la arquitecta _____

3 el cocinero _____

4 la estudiante _____

→ *Auflösung*
Siehe nächste Seite

TAG 02

Auflösung:

A. **1** la profesora **2** el médico **3** la camarera
4 el doctor **5** la abogada **6** el taxista
7 la psicóloga

B. **1** los profesores **2** las arquitectas
3 los cocineros **4** las estudiantes

Erfolgs-Check

Übung absolviert am:	fiel mir leicht	möchte ich wiederholen
....	☐	☐
....	☐	☐
....	☐	☐

Verbinden Sie die Satzhälften.
Achten Sie auf die passenden Formen von *ser*.

1	¿Eva y Juana	**a**	somos de Barcelona.
2	Yo	**b**	es la señora Aguilar, ¿verdad?
3	Carolina	**c**	sois de Quito?
4	¿Vosotros	**d**	es de Medellín.
5	Nosotros	**e**	son de Guatemala?
6	¿Tú	**f**	soy Laura.
7	Usted	**g**	sois Luisa e Inés, ¿verdad?
8	Vosotras	**h**	eres de Nueva York?
9	Nosotras	**i**	son los señores Pérez?
10	¿Ustedes	**j**	somos españolas.

➡ *Auflösung*
Siehe nächste Seite

**TAG
03**

Auflösung:

1 e – 2 f – 3 d – 4 c – 5 a
6 h – 7 b – 8 g – 9 j – 10 i

Erfolgs-Check

Übung absolviert am:

fiel mir
leicht

möchte ich
wiederholen

....

....

....

A. Marco und María begegnen sich in einer Tapas-Bar.
Verbinden Sie die Spalten richtig, sodass sich ein Dialog ergibt.

1	Soy Marco. Mucho gusto, María.	a	En una oficina de diseño.
2	¡Hola! ¿Como te llamas?	b	Encantada, Marco. ¿A qué te dedicas?
3	Soy profesor de español. ¿Y tú?	c	María. ¿Y tú?
4	¡Qué bien! Oye, y ¿tienes novio?	d	¡Ah! Qué interesante!
5	Y tú, ¿dónde trabajas?	e	Soy arquitecta. ¿Dónde trabajas?
6	En una escuela de idiomas.	f	Novio no. Pero trabajo en la oficina con mi marido.

B. Welche Berufe entdecken Sie in der Wortschlange?

CAMAREROARQUITECTAMÉDICOMECÁNICA
VETERINARIOACTRIZARTISTAPROFESORABOGADO
PSICÓLOGACOMERCIANTEVENDEDORREPRESENTANTE
ELECTRICISTAPOLICÍAESCRITORINGENIERO

→ *Auflösung*
Siehe nächste Seite

TAG
04

Auflösung:

A. 2 c – 1 b – 3 e – 6 d – 5 a – 4 f

B. camarero, arquitecta, médico, mecánica,
veterinario, actriz, artista, profesor,
abogado, psicóloga, comerciante,
vendedor, representante, electricista,
policía, escritor, ingeniero

Erfolgs-Check ✏️

Übung absolviert am:

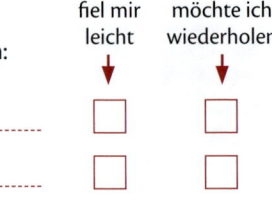

	fiel mir leicht	möchte ich wiederholen
--------------------------------	☐	☐
--------------------------------	☐	☐
--------------------------------	☐	☐

Finden Sie im Buchstabensalat 15 Länder, in denen Sie Ihr Spanisch üben können.

```
Q V E N E Z U E L A P
U I G U A T E M A L A
E H O N D U R A S C N
C O L O M B I A O O A
U R Ñ P A M O T L S M
A R G E N T I N A T A
D I A R I Z H E T A X
O U R U G U A Y O R C
R E C H I L E Y S I U
M E X I C O K I E C B
U S E S P A Ñ A F A A
E L S A L V A D O R L
```

➡ *Auflösung*
Siehe nächste Seite

TAG 05

Auflösung:

Waagerecht:
Venezuela, Guatemala, Honduras, Colombia,
Argentina, Uruguay, Chile, México, España,
El Salvador
Senkrecht:
Ecuador, Perú, Costa Rica, Panamá, Cuba

Erfolgs-Check

Übung absolviert am:

	fiel mir leicht	möchte ich wiederholen
....	☐	☐
....	☐	☐
....	☐	☐

Was haben Sie diese Woche gelernt? Heute können Sie sich testen.

1 Was erwidere ich, wenn jemand sich mir vorstellt?

    a ¡Qué interesante!

    b Mucho gusto.

    c Tengo novio.

2 Wie lautet die richtige Pluralform von *el doctor*?

    a los doctoros

    b el doctores

    c los doctores

3 Für welches Pronomen passt die konjugierte Verbform *son* nicht?

    a Ustedes

    b Vosotros

    c Ellos

4 Wie frage ich jemanden nach seinem/ihrem Beruf?

    a ¿Cómo te llamas?

    b ¿De dónde eres?

    c ¿A qué te dedicas?

5 In welchem Land Mittelamerikas wird nicht Spanisch gesprochen?

    a Belice

    b Panamá

    c Honduras

➜ *Auflösung*
Siehe nächste Seite

TAG
06

Auflösung:

1 b – **2** c – **3** b – **4** c – **5** a

Erfolgs-Check

Übung absolviert am:

	fiel mir leicht ↓	möchte ich wiederholen ↓
....	☐	☐
....	☐	☐
....	☐	☐

Begrüßung und Verabschiedung

Eine informelle Art der Begrüßung ist **¡Hola! ¿Qué tal?** Dies kann mit *Hallo, wie geht's?* übersetzt werden. Beginnt ein Gespräch auf diese Weise, dann würde man z.B. antworten: **Bien, gracias** (*Danke, gut*). Ein **¡Hola! ¿Qué tal?** kann aber auch im Vorbeigehen auf der Straße geäußert werden, dann ist es Teil eines Grußes und verlangt keine Auskunft über das Befinden. Das Gleiche gilt für die Fragen **¿Qué hay?** und **¿Qué pasa?** Sagen Sie darauf einfach **¡Hola!** oder auch **¿Qué tal?**

¿Cómo estás? heißt ebenfalls *Wie geht's?* Hier würde man eher eine konkrete Auskunft erwarten, die aber nicht immer ausführlich sein muss. Es reicht völlig aus zu sagen: **Bien, gracias, ¿y tú?**

Haben Sie gerade jemanden kennengelernt, reagieren Sie mit **mucho gusto**, oder **encantado/a** (*sehr erfreut*).

Um sich zu verabschieden, können Sie **¡Hasta luego!** (*Bis bald!*), **¡Hasta la próxima!** (*Bis nächstes Mal!*), **¡Que te vaya bien!** (*Lass es dir gut gehen!*) oder **¡Adiós!** (*Auf Wiedersehen!*) sagen. In Lateinamerika ist auch die Verabschiedung **chao** gebräuchlich, worauf Sie mit den gleichen Wörtern antworten können.

Wählen Sie die passenden Possessivbegleiter aus.

1 • ¿Cómo se llaman tu/tus hijos?
  • Pedro y María.

2 • ¿Vuestros/vuestras hijos van a la universidad?
  • No, vuestros/nuestros hijos van al colegio.

3 • ¿Qué hacen tu/tus padres?
  • Mi/Mis padre es arquitecto y mi/mis madre es profesora.

4 • ¿A quién quieres más? ¿A tu/tus caballo o a tu/tus gato?
  • A mis/nuestros perros.

5 • ¿Cuántos años tiene tu/vuestra hija?
  • Nuestro/Nuestra hija tiene 24 años.

→ *Auflösung*
  Siehe nächste Seite

TAG 08

Auflösung:

1 tu **2** vuestros, nuestros **3** tus, mi, mi
4 tu, tu, mis **5** vuestra, nuestra

Erfolgs-Check

Übung absolviert am:	fiel mir leicht	möchte ich wiederholen
	↓	↓
-----------------------------------	☐	☐
-----------------------------------	☐	☐
-----------------------------------	☐	☐

Juanito erzählt von seinem ersten Schultag (Sp.). Vervollständigen Sie den Text. Achten Sie dabei auf die Angleichung der Adjektive.

Mi colegio es muy _____ (grande) y _____ (bonito).

La maestra se llama Laura. Ella es muy _____ (simpático),

_____ (organizado) y _____ (tranquilo).

El profesor de gimnasia, Jorge, es _____ (extrovertido) y

_____ (divertido).

La profesora de música es _____ (simpático)

pero un poco _____ (tímido) y también es

_____ (impaciente).

Tengo tres amigos nuevos: Jorge y Mario, que son _____

(inteligente) y _____ (divertido), y Daniela, que es muy

_____ (guapo), pero es también un poco

_____ (despistado).

En el colegio también hay un perro muy

_____ (feo)

que se llama Nerón.

→ Auflösung
Siehe nächste Seite

TAG
09

Auflösung:

grande, bonito, simpática, organizada,
tranquila, extrovertido, divertido, simpática,
tímida, impaciente, inteligentes, divertidos,
guapa, despistada, feo

Erfolgs-Check

	fiel mir leicht	möchte ich wiederholen
Übung absolviert am:	↓	↓
-------------------------------	☐	☐
-------------------------------	☐	☐
-------------------------------	☐	☐

Wer ist wer in der Familie? Ergänzen Sie die Sätze mit folgenden Familienmitgliedern.

sobrino – prima – tío – nieto – suegra –
abuela – padre – cuñado

1 El hijo de mi hijo es mi _____.

2 El hijo de mi hermano es mi _____.

3 La madre de mi madre es mi _____.

4 La hija de mi tía es mi _____.

5 El hijo único de mi abuela es mi _____.

6 El hermano de mi madre es mi _____.

7 El marido de mi hermana es mi _____.

8 La madre de mi marido es mi _____.

➔ *Auflösung*
Siehe nächste Seite

TAG
10

Auflösung:

1 nieto **2** sobrino **3** abuela **4** prima **5** padre
6 tío **7** cuñado **8** suegra

Erfolgs-Check

	fiel mir leicht ↓	möchte ich wiederholen ↓
Übung absolviert am:		
....	☐	☐
....	☐	☐
....	☐	☐

A. Vervollständigen Sie die Dialoge mit der richtig konjugierten Form von *tener*.

1 • ¿Cuántos años _____ *(tú)*?

   • *(Yo)* _____ 39. ¿Y tú?

2 • Señora Jiménez, ¿cuántos años _____ sus hijos?

   • El mayor _____ nueve años y el menor _____ siete.

3 • Niños, ¿cuántos años _____ vuestra abuela?

   • No _____ *(nosotros)* idea.

   • Creo que ella _____ 100 años.

4 • Y vosotros niños, ¿cuántos años _____?

   • Tenemos ocho años.

   • ¡Qué mono! ¡Gemelos!

B. Führen Sie die Reihen fort.

1 cinco, diez, quince, _____, _____, _____, _____

2 diez, veinte, treinta, _____, _____, _____, _____

3 quince, treinta, cuarenta y cinco, _____, _____, _____

➡ *Auflösung
Siehe nächste Seite*

TAG 11

Auflösung:

A. **1** tienes, tengo

   2 tienen, tiene, tiene

   3 tiene, tenemos, tiene

   4 tenéis

B. **1** veinte, veinticinco, treinta, treinta y cinco.

   2 cuarenta, cincuenta, sesenta, setenta.

   3 sesenta, setenta y cinco, noventa.

Erfolgs-Check

Übung absolviert am:	fiel mir leicht	möchte ich wiederholen
_____	☐	☐
_____	☐	☐
_____	☐	☐

Ergänzen Sie die Postkarte mit *haber* oder *estar*.

Querida Manuela:

¡Qué tal! **(1)** _____ en México,

D. F., la capital de México. Esta ciudad es

impresionante, interesante y caótica.

¿Sabes que en México, D. F. **(2)** _____

unos 20 millones de habitantes? Increíble, ¿no?

Aquí **(3)** _____ _____una plaza grandísma que se llama

"La Plaza de la Constitución" y **(4)** _____ en el Centro Histórico

de la ciudad. Cerca de la plaza **(5)** _____ unas ruinas de los "mexicas",

los pobladores precolombinos.

Mañana voy a ir a las ruinas de Teotihuacán que **(6)** _____ a

45 minutos de autobús. Allí **(7)** _____ dos pirámides: una para el

sol y otra para la luna. ¡La pirámide del sol tiene 365 escalones! Bueno, nos vemos

pronto en Madrid. Llego la próxima semana.

Besos,

Patxi

→ Auflösung
Siehe nächste Seite

TAG
12

Auflösung:

1 Estoy **2** hay **3** hay **4** está
5 hay **6** están **7** hay

Erfolgs-Check

	fiel mir leicht	möchte ich wiederholen
Übung absolviert am:	↓	↓
-----------------------------	☐	☐
-----------------------------	☐	☐
-----------------------------	☐	☐

Was haben Sie diese Woche gelernt? Heute können Sie sich testen.

1 In welchem Satz steht der richtige Possessivbegleiter?

   a Mi amigos son inteligentes.

   b Nuestros amigos son inteligentes.

   c Vuestro amigos son inteligentes.

2 Welcher Ausdruck ist richtig?

   a el taxisto simpático

   b el taxista simpática

   c el taxista simpático

3 Welches Familienmitglied ist hier gemeint?
  El padre de mi mujer es _____.

   a mi cuñado

   b mi tío

   c mi suegro

4 Wie gibt man auf Spanisch sein Alter an?

   a Soy 35 años.

   b Tengo 35 años viejo.

   c Tengo 35 años.

5 Ergänzen Sie mit *haber* oder mit *estar*:
  En Guatemala también _____ pirámides y _____ en el Norte del país.

   a están – están

   b hay – están

   c están – hay

➜ *Auflösung*
    Siehe nächste Seite

TAG 13

Auflösung:

1 b – **2** c – **3** c – **4** c – **5** b

Erfolgs-Check

Übung absolviert am:

	fiel mir leicht	möchte ich wiederholen
	↓	↓
....	☐	☐
....	☐	☐
....	☐	☐

Spanische Nachnamen

In Spanien ist die Vergabe der Nachnamen etwas komplizierter als bei uns. Jeder Spanier hat zwei *apellidos* (Nachnamen), die sich aus denen der Eltern zusammensetzen. Der erste ist der *apellido paterno* – der erste Nachname des Vaters. Der zweite ist der *apellido materno*, womit der erste Nachname der Mutter gemeint ist. Wenn zum Beispiel ein Rodrigo Iglesias Blanco und eine Marta García Ordóñez Kinder bekommen, dann heißen diese mit Nachnamen Iglesias García. Die jeweils zweiten Namen (Ordóñez und Blanco) werden nicht weitergegeben. In spanischen Familien haben somit nur die Geschwister dieselben Nachnamen, und auch durch Heirat ändern sich die Namen nicht.

Nehmen wir mal an, dass Alberto Fuertes Valdez und Rosa de la Barriga Ramírez eine Tochter erwarten. Rosa möchte das Kind gern auf den *nombre* (Namen) von Albertos verehrter Großmutter Dolores taufen. Alberto stimmt zunächst begeistert zu, bekommt dann aber Bedenken. Was könnte ihn davon abhalten?*

Vorsicht übrigens bei Formularen: Wenn in Deutschland in offiziellen Kontexten nach dem Namen gefragt wird, ist damit der Nachname gemeint. Muss man in Spanien seinen *nombre* angeben, ist das der Vorname. Sie sollten auch tunlichst vermeiden, in Spanien einen zweiten Vornamen anzugeben, denn diese werden häufig nicht als zweiter Vorname, sondern als erster Nachname interpretiert. Dann wird aus einer Löwenstein, Hanna Leonie ganz schnell eine Leonie Löwenstein, Hanna. Beachten Sie bei Fragen nach dem Namen auch den Unterschied zwischen *llamarse* und *apellidarse*.

¿Cómo te llamas? – Wie heißt du?
¿Cómo te apellidas? – Wie heißt du mit Nachnamen?

---

* Lösung: Das arme Kind hieße dann Dolores Fuertes de la Barriga – was so viel wie *starke Bauchschmerzen* bedeutet.

Ergänzen Sie die Sätze mit den indirekten Objektpronomen.

me – te – le – nos – os – les

1 A mi novio y a mí _____ gusta ir de tapas.

2 A mis hijos _____ gusta jugar en el jardín.

3 A mi marido y a mí no _____ gusta cocinar.

4 A mi cuñada no _____ gusta hacer senderismo.

5 A Pedro y a ti, ¿_____ gusta la comida picante?

6 A mi hijo y a su mejor amigo _____ encanta ver fútbol.

7 A mi abuela _____ interesa la política internacional.

8 A mis amigos _____ encanta beber mojito.

9 A ti, ¿no _____ gusta el mojito? ¿Estás enfermo?

➜ *Auflösung*
Siehe nächste Seite

TAG 15

Auflösung:

1 nos **2** les **3** nos **4** le **5** os
6 les **7** le **8** les **9** te

Erfolgs-Check

Übung absolviert am:

	fiel mir leicht	möchte ich wiederholen
	↓	↓
....	☐	☐
....	☐	☐
....	☐	☐

Was machen diese Leute in ihrer Freizeit?
Vervollständigen Sie die Sätze mit der richtigen Form folgender Verben.

> esquiar – jugar – bailar – tocar – jugar – ir – hacer –
> hacer – sacar – aprender – leer

1 Yo _____ yoga.

2 ¿Tú _____ el piano?

3 ¿Usted _____ en los Pirineos?

4 Mi hijo _____ al fútbol.

5 Mi abuela _____ pasteles.

6 Pedro y yo _____ a las cartas.

7 Nosotras _____ la novela policíaca "Journalistin Luisa Durango ermittelt".

8 ¿Vosotros _____ al perro?

9 María y tú, ¿ _____ en la discoteca?

10 Mi hija y sus amigas _____ de compras.

11 Mis hijos _____ español con el calendario "Jeden Tag ein bisschen".

➜ *Auflösung*
Siehe nächste Seite

**TAG
16**

Auflösung:

1 hago **2** tocas **3** esquía **4** juega **5** hace
6 jugamos **7** leemos **8** sacáis **9** bailáis
10 van **11** aprenden

Erfolgs-Check

	fiel mir leicht ↓	möchte ich wiederholen ↓
Übung absolviert am:		
-----------------------------	☐	☐
-----------------------------	☐	☐
-----------------------------	☐	☐

A. Ergänzen Sie die Fragen mit folgenden Fragewörtern:

> Cuándo – Dónde – Qué – Cuántos – A qué – Cómo

1 ¿ _____ te llamas?

2 ¿ _____ es tu cumpleaños?

3 ¿ _____ te dedicas?

4 ¿ _____ trabajan tus hermanos?

5 ¿ _____ años tiene tu abuela?

6 ¿ _____ haces en tu tiempo libre?

B. Suchen Sie die passenden Antworten zu den Fragen. Schreiben Sie die entsprechende Zahl in die Tabelle.

a 85.

b En una oficina de arquitectos.

c Es el 29 de febrero.

d Carlos del Monte. ¿Y tú?

e Me gusta cantar en el Karaoke.

f Soy veterinaria.

Frage	1	2	3	4	5	6
Antwort						

➜ *Auflösung*
Siehe nächste Seite

TAG
17

Auflösung:

A. **1** Cómo **2** Cuándo **3** A qué **4** Dónde
    5 Cuántos **6** Qué
B. **1** d – **2** c – **3** f – **4** b – **5** a – **6** e

Erfolgs-Check

	fiel mir leicht	möchte ich wiederholen
Übung absolviert am:	↓	↓
-----------------------------	☐	☐
-----------------------------	☐	☐
-----------------------------	☐	☐

Ergänzen Sie die Sätze mit der richtigen Form von *gustar* oder *preferir*.

1 A mí no me _____ las películas románticas, _____

las películas de ciencia ficción.

2 A Pedro y a Juan no les _____ aprender sánscrito, _____

aprender español.

3 A mi madre no le _____ cocinar, _____ ir a un restaurante.

4 ¿A ti te _____ Shakira o _____ a Jennifer López?

5 A mi abuela no le _____ hacer yoga, _____

hacer senderismo.

6 A mi padre y a mí no nos _____ trabajar en el jardín, _____

tomar el sol en el jardín.

➡ *Auflösung*
Siehe nächste Seite

TAG
18

Auflösung:

1 gustan, prefiero **2** gusta, prefieren
3 gusta, prefiere **4** gusta, prefieres
5 gusta, prefiere **6** gusta, preferimos

Erfolgs-Check

	fiel mir leicht	möchte ich wiederholen
Übung absolviert am:	↓	↓
-------------------------------	☐	☐
-------------------------------	☐	☐
-------------------------------	☐	☐

Schreiben Sie die gesuchten Begriffe zum Thema Freizeit in die entsprechende Zeile.

```
1            T
2            I
   3         E
   4         M
      5
      6      O
   7         L
8            I
      9
 10          R
11           E
```

1 Deporte que se juega con 11 personas.

2 Lugar fuera de la casa donde hay plantas.

3 _____ novelas, libros o el periódico.

4 Una película de amor es una película _____ .

5 Instrumento musical.

6 Cóctel con ron y hierbabuena.

7 Tomar el _____ en la playa o en el jardín.

8 Deporte que se hace en las montañas en invierno.

9 ¿Qué se hace en la discoteca con música?

10 _____ a las cartas.

11 La comida mexicana es _____ .

→ *Auflösung*
Siehe nächste Seite

TAG 19

Auflösung:

1 fútbol **2** jardín **3** leer **4** romántica **5** piano
6 mojito **7** sol **8** esquiar **9** bailar **10** jugar
11 picante

Erfolgs-Check

	fiel mir leicht	möchte ich wiederholen
Übung absolviert am:	↓	↓
....	☐	☐
....	☐	☐
....	☐	☐

Was haben Sie diese Woche gelernt? Heute können Sie sich testen.

1 Welches ist das richtige indirekte Objektpronomen im folgenden Satz?
A mi marido y a mí no _____ gusta cocinar.

  a les

  b os

  c nos

2 Welches Verb passt in den Satz?
En mi tiempo libre yo _____ el piano.

  a juego

  b toco

  c bailo

3 Was ist die richtige Frage zur Aussage *Mis amigos son muy simpáticos?*

  a ¿Cómo son tus amigos?

  b ¿Cómo se llaman tus amigos?

  c ¿Cuántos amigos tienes?

4 Ergänzen Sie den Satz:
A mi padre y a mí no nos _____ trabajar, _____ dormir.

  a gustamos, preferimos

  b gustan, preferimos

  c gusta, preferimos

5 Bei welchen Hobbys wird das Verb *hacer* verwendet?

  a yoga, pasteles, piano

  b senderismo, tapas, fútbol

  c yoga, senderismo, pasteles

➔ *Auflösung*
Siehe nächste Seite

TAG 20

Auflösung:

1 c – 2 b – 3 a – 4 c – 5 c

Erfolgs-Check

Übung absolviert am:

	fiel mir leicht ↓	möchte ich wiederholen ↓
-----------------------------	☐	☐
-----------------------------	☐	☐
-----------------------------	☐	☐

Regionen Spaniens – Sonne, Strand und Skifahren

Bei Spanien denken viele zuerst an die Strände Mallorcas, den Stierkampf oder an die Flamenco-Tänzerinnen Andalusiens. Der eine oder andere ist vielleicht auch schon einmal über die *Ramblas* in Barcelona spaziert oder hat den *Prado* in Madrid besucht. Doch Spanien hat natürlich noch viel mehr zu bieten.

Spanien ist in 17 *comunidades autónomas* unterteilt. Diese bestehen jeweils aus einer bis neun Provinzen. Wenn Sie können, sollten Sie den Charme aller Regionen Spaniens kennenlernen. Hier ein paar Tipps:

- Skifahren in der *Sierra Nevada (Andalucía)*
- einen Tag auf den *Islas Cíes* verbringen *(Galicia)*
- zum Karneval auf die *Islas Canarias* fahren
- haushohe brennende Puppen bei den *Fallas* in Valencia erleben *(Comunidad Valenciana)*
- auf der Stadtmauer von *Gerona* spazieren *(Cataluña)*
- die Kathedrale von *Burgos* besichtigen *(Castilla y León)*
- in der Pilgerherberge in *Pamplona* übernachten *(Navarra)*
- die Osterprozessionen in *Sevilla* verfolgen *(Andalucía)*

Nicht zu vergessen sind die Städte *Ceuta* und *Melilla*. Diese beiden *ciudades autónomas* liegen an der nordafrikanischen Küste, gehören aber offiziell zu Spanien.

Was kann man in einer Stadt finden? Suchen Sie 18 Begriffe und tragen Sie sie mit dem entsprechenden Artikel ein.

```
O  L  B  U  M  T  R  A  F  I  C  O
P  L  A  Z  O  L  E  T  A  E  Ñ  U
A  E  R  O  N  I  G  L  E  S  I  A
P  A  R  Q  U  E  D  B  A  N  C  O
U  E  S  R  M  H  M  E  T  R  O  T
E  S  T  I  E  D  I  F  I  C  I  O
N  C  Ñ  O  N  O  R  Q  U  I  M  R
T  U  C  A  T  E  D  R  A  L  U  R
E  E  Y  I  O  T  I  C  A  L  S  E
U  L  E  S  T  A  C  I  O  N  E  X
P  A  R  K  I  N  G  T  A  Ñ  O  I
S  U  P  E  R  M  E  R  C  A  D  O
```

Waagerecht:
1 _____ 7 _____
2 _____ 8 _____
3 _____ 9 _____
4 _____ 10 _____
5 _____ 11 _____
6 _____

Senkrecht:
1 _____ 5 _____
2 _____ 6 _____
3 _____ 7 _____
4 _____

→ Auflösung
Siehe nächste Seite

TAG 22

Auflösung:

Waagerecht:
1 el tráfico **2** la plazoleta **3** la iglesia
4 el parque **5** el banco **6** el metro
7 el edificio **8** la catedral **9** la estación
10 el parking **11** el supermercado

Senkrecht:
1 el puente **2** la escuela **3** el bar **4** el río
5 el monumento **6** el museo **7** la torre

Erfolgs-Check

Ser oder *estar*?
Ergänzen Sie die passende Form.

1 La Ciudad de México _____ muy grande.

Tiene unos 20 millones de habitantes.

2 Quito _____ la capital de Ecuador y _____

en la mitad del mundo.

3 Las Islas Galápagos _____ en el océano Pacífico y _____

de Ecuador.

4 Algunos volcanes de los Andes __ _____ activos.

5 Las Cataratas del Iguazú _____ en la frontera de Brasil,

Argentina y Paraguay.

6 El Salto del Ángel _____ el salto de agua más alto del

mundo y _____ en el parque nacional Canaima, en Venezuela.

➜ *Auflösung*
Siehe nächste Seite

TAG 23

Auflösung:

1 es
2 es, está
3 están, son
4 están
5 están
6 es, está

Erfolgs-Check

Übung absolviert am:

	fiel mir leicht ↓	möchte ich wiederholen ↓
....	☐	☐
....	☐	☐
....	☐	☐

Verbinden Sie die Gegensatzpaare.

1	antipático	a	tonto
2	inteligente	b	simpático
3	guapo	c	tímido
4	grande	d	feo
5	extrovertido	e	irresponsable
6	paciente	f	aburrido
7	responsable	g	impaciente
8	divertido	h	pequeño
9	organizado	i	nervioso
10	tranquilo	j	despistado

➡ *Auflösung*
Siehe nächste Seite

TAG
24

Auflösung:

1 b – 2 a – 3 d – 4 h – 5 c – 6 g
7 e – 8 f – 9 j – 10 i

Erfolgs-Check

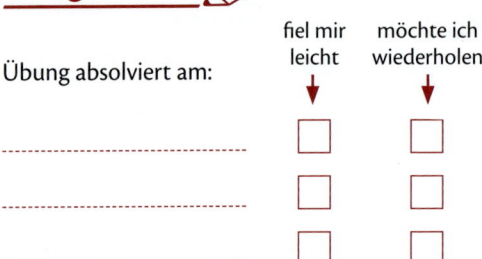

	fiel mir leicht	möchte ich wiederholen
Übung absolviert am:	↓	↓
....	☐	☐
....	☐	☐
....	☐	☐

A. Ergänzen Sie den Text über Cartagena de Indias mit der richtigen Form der Verben *estar*, *ser* oder *haber (hay)*.

1 Cartagena de Indias _____ una ciudad histórica que _____

en el norte de Colombia, en la costa del Caribe.

2 En Cartagena _____ muchos hoteles y _____

muchos turistas.

3 También _____ muchos monumentos de la época colonial que

_____ en el casco antiguo de la ciudad.

4 La ciudad _____ patrimonio cultural de humanidad.

5 Cartagena _____ una ciudad muy bonita y también

_____ romántica. Muchas parejas pasan la luna de miel allí.

6 Cerca de Cartagena también _____ parques naturales. Allí el

ambiente _____ más tranquilo y se puede disfrutar de la naturaleza.

B. Entdecken Sie, was Spanien und Lateinamerika an Landschaften zu bieten haben.

MARESMONTAÑASVOLCANESRÍOSCORDILLERAS
LAGOSSALTOSVALLESDESIERTOSISLASNEVADOS
CATARATAS

C. Ordnen Sie die Begriffe nach Geschlecht.

Maskulin – *los*	Feminin – *las*

➡ *Auflösung*
Siehe nächste Seite

TAG
25

Auflösung:

A. **1** es, está **2** hay, hay **3** hay, están
   4 es **5** es, es **6** hay, es
B. mares, montañas, volcanes, ríos, cordilleras,
   lagos, saltos, valles, desiertos, islas, nevados,
   cataratas
C. **los:** mares, volcanes, ríos, lagos, saltos,
   valles, desiertos, nevados
   las: montañas, cordilleras, islas, cataratas

Erfolgs-Check

Übung absolviert am:	fiel mir leicht	möchte ich wiederholen
‑‑‑‑‑‑‑‑‑‑‑‑‑‑‑‑‑‑‑‑‑	☐	☐
‑‑‑‑‑‑‑‑‑‑‑‑‑‑‑‑‑‑‑‑‑	☐	☐
‑‑‑‑‑‑‑‑‑‑‑‑‑‑‑‑‑‑‑‑‑	☐	☐

Relativsätze mit *que* oder *donde*.
Wählen Sie das richtige Pronomen aus.

1 Las Galápagos son unas islas en Ecuador que/donde hay pingüinos.

2 Los "Moais" son unas esculturas en piedra que/donde están en

la Isla de Pascua, en Chile.

3 El tango es un baile que/donde se baila en Argentina y en muchas otras

ciudades del mundo.

4 La plaza de la Constitución que/donde está en México, D. F. es una plaza

que/donde se hacen muchas manifestaciones políticas.

5 La milonga es el lugar que/donde se baila el tango.

6 El guitarrón es un instrumento que/donde se toca en México.

7 La Catedral de Santiago de Compostela es un lugar a que/donde van

muchos peregrinos.

8 La salsateca es el lugar que/donde se baila salsa.

9 Las sevillanas es un baile que/donde se baila en Sevilla.

10 El pisco es una bebida que/donde se usa para hacer el cóctel *pisco sour*.

→ *Auflösung*
Siehe nächste Seite

Auflösung:

1 donde **2** que **3** que **4** que, donde **5** donde
6 que **7** donde **8** donde **9** que **10** que

Erfolgs-Check

	fiel mir leicht	möchte ich wiederholen
Übung absolviert am:	↓	↓
----------------------------	☐	☐
----------------------------	☐	☐
----------------------------	☐	☐

Was haben Sie diese Woche gelernt? Heute können Sie sich testen.

1 Suchen Sie das Wort, das nicht in die Reihe passt.

   a coche – iglesia – museo – catedral

   b tráfico – parque– parking – estación

   c parque – supermercado – puente – río

2 Ergänzen Sie folgenden Satz:
  Las pirámides de Teotihuacán _____ precolombinas y _____ en México.

   a están – están

   b son – son

   c son – están

3 Was ist das Gegenteil von *despistado*?

   a tímido

   b organizado

   c extrovertido

4 Vervollständigen Sie den Satz: *Valparaíso _____ una ciudad que _____ en la costa de Chile. Allí _____ muchos turistas.*

   a está – es – hay

   b es – hay – está

   c es – está – hay

5 Welcher Satz ist nicht richtig?

   a Lima es una ciudad que tiene un casco antiguo muy interesante.

   b La salsateca es el lugar donde se baila salsa.

   c Quito es una ciudad donde está en la mitad del mundo.

➡ *Auflösung
Siehe nächste Seite*

TAG 27

Auflösung:

1 a coche **b** parque **c** supermercado
2 c – **3** b – **4** c – **5** c

Erfolgs-Check

	fiel mir leicht	möchte ich wiederholen
Übung absolviert am:	↓	↓
----------------------	☐	☐
----------------------	☐	☐
----------------------	☐	☐

Alltägliche Unterschiede

Im Großen und Ganzen gibt es eigentlich keinen Grund, warum Sie sich in Spanien fremd fühlen müssten. Die Spanier sind äußerst gastfreundlich und kümmern sich in der Regel nicht darum, ob Sie einer von ihnen sind oder nicht. Der Teufel steckt allerdings wie so oft im Detail, und so gibt es viele Kleinigkeiten, die in Spanien ganz anders laufen als in Deutschland. Dazu zählen zum Beispiel:

♦ Spannen Sie niemals einen feuchten Regenschirm in einer Wohnung zum Trocknen auf. In Spanien legt man diesen zusammengefaltet in die Badewanne.

♦ Wollen Sie im Winter mit dem Auto fahren, dann stellen Sie sicher, dass Sie *cadenas de nieve* (*Schneeketten*) dabei haben. Sie zu benutzen ist bei Schneefall auf vielen Fernstraßen Pflicht. Winterreifen hingegen kennt und akzeptiert man folglich in Spanien nicht.

♦ Mit Kreditkarten kann man in Spanien bei noch viel mehr Gelegenheiten bezahlen als in Deutschland. Halten Sie aber Ihren Personalausweis (**D. N. I.** [dene'i]) bereit. Diesen müssen Sie auf jeden Fall vorlegen.

♦ Bestellen Sie in einer Kneipe keine *cerveza* (*Bier*), sondern immer eine *caña* (*Bierglas*). Nur dann erhalten Sie auch die begehrten *tapas/pintxos* dazu.

♦ Während die Deutschen „an der Elbe" wohnen, „zur Isar" spazieren oder „über den Rhein" fahren, nennt man in Spanien die Flüsse nicht beim Namen, sondern spricht nur vom „río" (*Fluss*).

♦ Wenn Sie von jemanden gefragt werden *„¿Tomamos un café?"* kann damit zwar durchaus ein gemeinsamer Kaffee gemeint sein; wundern Sie sich aber nicht, wenn Ihr Gegenüber in der Bar zwei *cañas* (*Biere*) oder *copas de vino* (*Weine*) bestellt. Die Frage *„¿Tomamos un café?"* sollten Sie eher als „Gehen wir etwas trinken?" verstehen.

A. Wo kann man diese Produkte kaufen? Verbinden Sie.

1	sandalias y botas	**a**	en una tienda de ropa.
2	naranjas y piñas	**b**	en una pescadería.
3	libros	**c**	en un estanco.
4	billetes de metro y sellos	**d**	en una librería.
5	pantalones y blusas	**e**	en una zapatería.
6	cruasanes y pan	**f**	en una frutería.
7	sardinas y calamares	**g**	en una charcutería.
8	chorizo y jamón	**h**	en una panadería.
9	carne y pollo	**i**	en una verdulería.
10	lechuga y brócoli	**j**	en un supermercado.
11	papel higiénico y detergente	**k**	en una carnicería.

B. Ordnen Sie die Lebensmittel richtig in die Tabelle ein.

filete – mortadela – merluza – leche – tomates – salchichón – jabón de manos – pavo – yogur – mantequilla – papel higiénico – pepino – pasta de dientes – queso – pollo – camarones – atún

Fruta y verdura	Carne	Embutidos	Pescado y marisco	Lácteos	Otros

→ *Auflösung*
Siehe nächste Seite

TAG 29

Auflösung:

A. 1 e – 2 f – 3 d – 4 c – 5 a –
6 h – 7 b – 8 g – 9 k – 10 i – 11 j

B. **Fruta y verdura:** tomates, pepino
Carne: filete, pavo, pollo
Embutidos: mortadela, salchichón
Pescado y marisco: merluza, camarones, atún
Lácteos: leche, yogur, mantequilla, queso
Otros: papel higiénico, jabón de manos, pasta de dientes

Erfolgs-Check

Übung absolviert am:

	fiel mir leicht	möchte ich wiederholen
------------------------------	☐	☐
------------------------------	☐	☐
------------------------------	☐	☐

A. Verbinden Sie die Sätze zu einem Dialog.
Achten Sie auf die passenden Formen von *ser*.

1	Buenos días, ¿qué desea?	a	4,50. Aquí tiene. El cambio es para usted.
2	4 euros con 49 céntimos.	b	¡Adiós! ¡Adiós! ... ¡Hm! Orgánico...
3	15 euros la botella grande y 8 la pequeña.	c	Mmm ... ¿cuánto cuesta la botella de aceite de oliva?
4	¡Es aceite orgánico! ¡Extra virgen!	d	¡Uy! ¡Qué caro!
5	Vale, ¡hasta la próxima!	e	Buenos días, quería un kilo de patatas y medio kilo de cebolla.
6	¿Algo más?	f	No, no. Entonces solo deme las patatas y la cebolla. ¿Cuánto es?

B. Lesen Sie noch einmal den Dialog in A und markieren Sie
F für *falso* (falsch) oder C für *correcto* (richtig).

1 El cliente quiere comprar un kilo de patatas, medio kilo de cebolla y una

botella de aceite de oliva. _____

2 La botella pequeña de aceite de oliva cuesta 4,49 euros. _____

3 El aceite de oliva es muy barato. _____

4 El aceite de oliva es orgánico. _____

5 Él compra solamente las patatas. _____

→ *Auflösung*
Siehe nächste Seite

TAG 30

Auflösung:

A. **1** e – **6** c – **3** d – **4** f – **2** a – **5** b

B. **1** C – **2** F – **3** F – **4** C – **5** F

Erfolgs-Check

	fiel mir leicht	möchte ich wiederholen
Übung absolviert am:	↓	↓
----------------------------------	☐	☐
----------------------------------	☐	☐
----------------------------------	☐	☐

Ordnen Sie die Produkte nach ihrer Verpackung.

cerveza – lentejas – aceite de oliva – arroz – mantequilla –
café – vino – caramelos – pan – Coca-cola

Paquete	
Bolsa	
Botella	
Lata	
Barra	

→ *Auflösung*
  Siehe nächste Seite

TAG 31

Auflösung:

Paquete: mantequilla, café
Bolsa: caramelos, arroz, lentejas
Botella: aceite de oliva, cerveza, Coca-cola, vino
Lata: aceite de oliva, cerveza, Coca-cola
Barra: pan

Erfolgs-Check

Übung absolviert am:	fiel mir leicht ↓	möchte ich wiederholen ↓
----------------------------	☐	☐
----------------------------	☐	☐
----------------------------	☐	☐

Wählen Sie die richtige Form und schreiben Sie den Preis in Wörtern aus.

Calamares
5,20 euros

Pulpo
6,00 euros

Tortilla de patatas
4,10 euros

Aceitunas
1,00 euro

Chorizo
3,20 euros

1 Los calamares cuesta/cuestan _____ .

2 El pulpo cuesta/cuestan _____ .

3 La tortilla de patatas cuesta/cuestan _____ .

4 Las aceitunas cuesta/cuestan _____ .

5 El chorizo cuesta/cuestan _____ .

➜ *Auflösung*
Siehe nächste Seite

TAG 32

Auflösung:

1 Los calamares cuestan cinco euros con veinte.
2 El pulpo cuesta seis euros.
3 La tortilla de patatas cuesta cuatro euros con diez.
4 Las aceitunas cuestan un euro.
5 El chorizo cuesta tres euros con veinte.

Erfolgs-Check

Übung absolviert am:	fiel mir leicht ↓	möchte ich wiederholen ↓
....	☐	☐
....	☐	☐
....	☐	☐

Was findet man in einer spanischen Tapas-Bar?
Zehn Getränke sind unter den Tapas versteckt. Unterstreichen Sie die
Getränke und tragen Sie sie in die Liste ein.

CALAMARESPATATASBRAVASVINOTINTOBOCADILLOS
TORTILLADEPATATASJEREZGAMBASALAJILLOCAÑASAR
DINASFRITASSIDRAPESCADITOFRITOJAMÓNSERRANO
CALIMOCHOQUESOMANCHEGOMANZANILLACHORIZO
VINOBLANCOANCHOASPINTXOSHORCHATAPULPO
EMPANADASPACHARÁNBOQUERONESCONVINAGRE
VINOROSADOACEITUNASENSALADILLARUSA

1 _____

2 _____

3 _____

4 _____

5 _____

6 _____

7 _____

8 _____

9 _____

10 _____

➔ *Auflösung*
Siehe nächste Seite

TAG 33

Auflösung:

(Getränke sind farbig markiert)
calamares, patatas bravas, vino tinto, bocadillos,
tortilla de patatas, jerez, gambas al ajillo,
caña, sardinas fritas, sidra, pescadito frito,
jamón serrano, calimocho, queso manchego,
manzanilla, chorizo, vino blanco, anchoas,
pintxos, horchata, pulpo, empanadas, pacharán,
boquerones con vinagre, vino rosado, aceitunas,
ensaladilla rusa

Erfolgs-Check

	fiel mir leicht	möchte ich wiederholen
Übung absolviert am:	↓	↓
....	☐	☐
....	☐	☐
....	☐	☐

Was haben Sie diese Woche gelernt? Heute können Sie sich testen.

1 Welcher Satz enthält eine falsche Information?

    a En una pescadería se pueden comprar sardinas.

    b En una verdulería se puede compar brócoli.

    c En una carnicería se puede comprar jamón.

2 Wie fragt man nach der gesamten Summe?

    a ¿Cuánto es?

    b ¿Algo más?

    c ¿Qué desea?

3 Welche der Angaben ist falsch?

    a una botella de vino

    b una barra de café

    c un paquete de mantequilla

4 Wählen Sie den richtigen Satz aus.

    a Los calamares costan cinco euros.

    b El pulpo cuesta tres euro.

    c Las aceitunas cuestan un euro.

5 Setzen Sie den Artikel für jede Tapa ein.

    a _____ calamares al ajillo

    b _____ pulpo

    c _____ tortilla de patatas

→ *Auflösung*
Siehe nächste Seite

TAG 34

Auflösung:

1 c – **2** a – **3** b – **4** c
5 a los **b** el **c** la

Erfolgs-Check

Übung absolviert am:	fiel mir leicht	möchte ich wiederholen
....	☐	☐
....	☐	☐
....	☐	☐

Tapas

Eine Besonderheit der spanischen Küche und Kultur sind die **tapas**, kleine Leckerbissen, die man mit einem Wein oder einem Bier zu sich nimmt. Sie werden in einer Bar oder im Barbereich eines Restaurants meist im Stehen gegessen.

Oft zahlt man einen kleineren Betrag pro **tapa**, aber es gibt auch Regionen, in denen sie grundsätzlich umsonst zum Getränk gereicht werden (z. B. in Granada und Jaén in Andalusien).

Einige **tapas** wie **tortilla de patatas** sind typisch für ganz Spanien. Zudem gibt es viele regionale Spezialitäten, wie zum Beispiel **pescadito frito andaluz** (gebratener Fisch nach andalusischer Art) oder **empanada gallega** (gefüllte Teigtasche nach galizischer Art).

Großen Anklang finden die baskischen **pintxos** (Aussprache: [pinchos]), die es in speziellen Lokalen auch außerhalb des Baskenlands gibt. Dies sind kleine Brötchen, deren üppiger Belag mit einem Holzstäbchen **(pintxo)** festgemacht wird. Beim Abrechnen nach dem Essen ermittelt man den Preis der verzehrten **tapas** oft anhand der Zahl der übrig gebliebenen Holzstäbchen und leeren Teller.

Wundern Sie sich nicht, wenn Sie beim Betreten einer Tapas-Bar feststellen, dass auf dem Boden überall Servietten und kleine Holzstäbchen liegen. In vielen Bars wirft man solche Abfälle einfach auf den Boden. Lassen Sie sich davon also nicht abschrecken: Gerade in solchen Bars gibt es oft die besten **tapas**!

Ir de tapas oder **ir de tapeo** bedeutet jedoch nicht nur essen und trinken, sondern auch *unter Freunden sein*.

A. Finden Sie im Buchstabensalat die Monate auf Spanisch.

```
D  I  C  I  E  M  B  R  E  P
A  G  O  S  T  O  R  I  M  A
V  E  R  A  F  V  M  A  Y  O
E  R  E  N  E  R  O  A  N  J
O  C  T  U  B  R  E  O  O  U
T  O  A  B  R  I  L  Ñ  O  L
N  O  V  I  E  M  B  R  E  I
 I  N  V  I  R  E  R  N  O  O
J  U  N  I  O  M  A  R  Z  O
S  E  P  T  I  E  M  B  R  E
```

B. Setzen Sie die Sinn machenden Buchstaben in der oben stehenden Reihenfolge ein. Wie heißen die Jahreszeiten auf Spanisch ?

1 _ _ _ _ _ _ _ _ _ _

2 _ _ _ _ _ _ _

3 _ _ _ _ _

4 _ _ _ _ _ _ _ _

→ *Auflösung*
Siehe nächste Seite

TAG 36

Auflösung:

A. Waagerecht: diciembre, agosto, mayo, enero, octubre, abril, noviembre, marzo, junio, septiembre

Senkrecht: febrero, julio

B. **1** primavera **2** verano
  3 otoño **4** invierno

Erfolgs-Check

	fiel mir leicht	möchte ich wiederholen
Übung absolviert am:	↓	↓
----------------------------------	☐	☐
----------------------------------	☐	☐
----------------------------------	☐	☐

Wichtige Feiertage in Spanien und Lateinamerika.
Beantworten Sie die Fragen, indem Sie das Datum ausschreiben.

Beispiel: • ¿Cuándo se celebra la Navidad? (24.12.)
   • *El veinticuatro de diciembre.*

1 • ¿Cuándo se celebra el Día del Amigo en Argentina y Uruguay? (20.07.)

   • _____ .

2 • ¿Cuándo se celebra el Día de los Muertos en México? (31.10. – 02.11.)

   • Desde _____ hasta _____ .

3 • ¿Cuándo se celebra el Día de Sant Jordi en Cataluña? (23.04.)

   • _____ .

4 • ¿Cuándo se celebra el Día de la Hispanidad? (12.10.)

   • _____ .

5 • ¿Cuándo es el Día del Amor y la Amistad en Colombia? (17.09.)

   • _____ .

➡ *Auflösung*
   Siehe nächste Seite

TAG 37

Auflösung:

1 El veinte de julio.
2 Desde el treinta y uno de octubre hasta
   el dos de noviembre.
3 El veintitrés de abril.
4 El doce de octubre.
5 El diecisiete de septiembre.

Erfolgs-Check

Übung absolviert am:	fiel mir leicht	möchte ich wiederholen
....	☐	☐
....	☐	☐
....	☐	☐

**In den Wörtern sind die Buchstaben durcheinandergeraten –
Ordnen Sie die Buchstaben, um herauszufinden, was man für folgende
Ausflüge einpacken muss.**

1 ¡Vamos a un hotel en la playa!

talloa ed pyala – fagas de ols – quibiin – borceradon –
cheatancls – catasemis – preotctor salor – un lribo

_____ _____

_____ _____

_____ _____

_____ _____

2 ¡Vamos a acampar en la montaña!

tindea – scao de dimror – baots – ltnerina – cicona de
sag – chocolneta asilante – un mpaa – una naajva sazui

_____ _____

_____ _____

_____ _____

_____ _____

➡ *Auflösung
Siehe nächste Seite*

Auflösung:

1 toalla de playa, gafas de sol, biquini,
   bronceador, chancletas, camisetas,
   protector solar, un libro
2 tienda, saco de dormir, botas, linterna,
   cocina de gas, aislador, un mapa,
   una navaja suiza

Erfolgs-Check

	fiel mir leicht	möchte ich wiederholen
Übung absolviert am:	↓	↓
....	☐	☐
....	☐	☐
....	☐	☐

Was für ein Wetter!

A. Vervollständigen Sie die Sätze mit den passenden Ausdrücken.

> llueve – nieva – sol – cuarenta grados – buen tiempo – tormenta – nublado – 10 grados bajo cero

1 Cuando _____ saco mi paraguas.

2 Cuando hace _____ me pongo el biquini.

3 Cuando hace _____ doy un paseo con mi novia por el parque.

4 Cuando hay _____ no salgo de casa.

5 Cuando _____ hago un muñeco de nieve con mis hijos.

6 Cuando está _____ creo que estoy en Londres.

7 Cuando hace _____ me pongo mi abrigo de invierno, el gorro y los guantes.

8 Cuando hace _____ bebo mucha, pero mucha agua.

B. Was assoziieren Sie mit den Jahreszeiten? Verbinden Sie.

1	la primavera	**a**	frío y vino caliente
2	el verano	**b**	hojas y viento
3	el otoño	**c**	flores y polen
4	el invierno	**d**	sol y calor

➜ *Auflösung
Siehe nächste Seite*

TAG 39

Auflösung:

A. **1** llueve **2** sol **3** buen tiempo **4** tormenta
5 nieva **6** nublado **7** diez grados bajo cero
8 cuarenta grados

B. **1** c – **2** d – **3** b – **4** a

Erfolgs-Check

	fiel mir leicht	möchte ich wiederholen
Übung absolviert am:	↓	↓
----------------------------------	☐	☐
----------------------------------	☐	☐
----------------------------------	☐	☐

Vervollständigen Sie die Aussagen der Leute über ihre Lieblingsjahreszeit mit folgenden Ausdrücken.

> estación – rojas – Pirineos – sol – Sur – polen – otoño – España –
> Costa – pueblo – tranquilo – invierno – deporte – primavera

1 Mi _____ favorita es el verano. A mí definitivamente me

gustan el _____ y el calor. Me gusta viajar al _____

de Europa. Por ejemplo a Grecia, a Italia o a _____.

Me gusta mucho ir a la _____ Brava a un _____

pequeño que se llama San Feliu de Guixols. Es turístico pero también

muy _____.

2 A mí me encanta el _____. ¡Me gustan los colores!

¡Las hojas _____ de los árboles! ¡El viento! ...

Es una estación muy bonita.

3 A mí me gusta mucho la _____. Después del invierno

me gusta ver flores y flores en todas partes. El problema es que soy alérgico

al _____.

4 A mí me gusta mucho hacer _____, sobre todo esquiar

en las montañas. En diciembre voy con mi familia a los _____.

Allí hay pistas de esquí muy buenas. Por eso, creo que mi estación favorita

es el _____.

➡ *Auflösung
Siehe nächste Seite*

TAG 40

Auflösung:

1 estación, sol, Sur, España, Costa,
  pueblo, tranquilo
2 otoño, rojas
3 primavera, polen
4 deporte, Pirineos, invierno

Erfolgs-Check

Übung absolviert am:

	fiel mir leicht	möchte ich wiederholen
-------------------------------	☐	☐
-------------------------------	☐	☐
-------------------------------	☐	☐

Was haben Sie diese Woche gelernt? Heute können Sie sich testen.

1 Welche Jahreszeit ist es zu Weihnachten in Chile und Argentinien?

a primavera

b invierno

c verano

2 Wie lautet die richtige Antwort auf folgende Frage:
¿Cuándo se celebra Sant Jordi?

a En abril veintitrés.

b Abril el veinticuatro.

c El veintitrés de abril.

3 Was passt nicht in die Reihe?

a biquini – camiseta – botas – linterna

b bronceador – montaña – toalla de playa – gafas de sol

c tienda – camiseta – cocina de gas – navaja suiza

4 Welcher Ausdruck ist richtig?

a hace lluvia

b llueve

c hay llueve

5 Was passt nicht in die Reihe?

a otoño – viento – colores – polen

b diciembre – Pirineos – flores – nieve

c esquiar – tranquilo – pistas – deporte

➔ *Auflösung*
Siehe nächste Seite

TAG 41

Auflösung:

1 c

2 c

3 **a** linterna **b** montaña **c** camiseta

4 b

5 **a** polen **b** flores **c** tranquilo

Erfolgs-Check

	fiel mir leicht	möchte ich wiederholen
Übung absolviert am:	↓	↓
....	☐	☐
....	☐	☐
....	☐	☐

Nacionalismo, Sprachen und Mundarten

Wenn in Spanien der *nacionalismo* thematisiert wird, ist damit ein anderer Nationalismus gemeint als bei uns: kein Rechtsradikalismus auf Staats-, sondern ein Nationalbewusstsein auf Regionalebene.

Spanien ist ein Vielvölkerstaat, in dem nicht nur Spanisch gesprochen wird, sondern (je nach Zählweise) mindestens drei weitere Sprachen: Katalanisch, Baskisch und Galicisch. Diese Regionalsprachen wurden während der Franco-Diktatur stark diskriminiert und haben erst im Rahmen der *transición*, des allmählichen Übergangs zur Demokratie (s. Tag 56), wieder Geltung und auch offiziellen Status erreicht. So verwundert es nicht, dass Regionalsprachen in ihren jeweiligen **Comunidades Autónomas** (Verwaltungseinheiten, die bei uns den Bundesländern entsprechen) besonders gefördert werden und darüber hinaus das Spanische zuweilen in die Defensive drängen.

Weiterhin gibt es diverse Dialekte, deren Sprecher für sich ebenfalls in Anspruch nehmen, eine eigene Sprache zu sprechen. So gehen die Katalanen zum Beispiel davon aus, dass die *països catalans* (*katalanischsprachige Länder*) die Regionen Katalonien, die Balearen, Valencia, Andorra, Teile von Aragonien, das französische Roussillon und die sardische Stadt Alghero umfassen. Die Mallorquiner behaupten hingegen, dass sie *mallorquí* sprechen, und die Valencianer bezeichnen ihre Mundart als *valencià*. Auch *asturllionés*, *aragonés* und immer mehr andere Mundarten geben sich als eigene Sprachen aus. Dabei spielt die Politik eine größere Rolle als die Sprachwissenschaft, weswegen bei politisch korrekter Zählung in Spanien vermutlich mehr Sprachen gesprochen werden als in kaum einem anderen europäischen Staat.

A. Verbinden Sie die Illustration mit dem entsprechenden Begriff.

1	alquiler de bicicletas	**a**	
2	gimnasio	**b**	
3	sala de reuniones	**c**	
4	guardería	**d**	
5	minibar	**e**	

B. Welche Artikel haben die Begriffe aus der Übung A?

el ...	la ...

→ *Auflösung*
Siehe nächste Seite

TAG 43

Auflösung:

A. 1 c – 2 d – 3 e – 4 b – 5 a

B. **el:** el alquiler de bicicletas,
el gimnasio, el bar

la: la sala de reuniones, la guardería

Erfolgs-Check

	fiel mir leicht	möchte ich wiederholen
Übung absolviert am:	↓	↓
----------------------------------	☐	☐
----------------------------------	☐	☐
----------------------------------	☐	☐

Sie möchten ein Zimmer in einem Hotel reservieren. Setzen Sie die Sätze so ein, dass sich ein Dialog ergibt.

> Una doble, por favor. – A nombre de Ricardo del Monte Caballero y Catalina Puyo Vega. – Buenos días. ¿Tienen habitaciones libres para las noches del 5 al 8 de octubre? – ¿Y el desayuno está incluido? – Muchas gracias. Hasta pronto. – Está bien. Prefiero la habitación de 95 euros.

- Hotel "Salto del Ángel", recepción, ¡buenos días!

1 • _____

- Del 5 al 8 de octubre... Sí, sí tenemos. ¿Quiere una habitación doble o individual?

2 • _____

- Tenemos una por 80 euros y otra por 95, que tiene una vista espectacular.

3 • _____

- Sí está incluido y el precio también incluye una sesión de masajes y un cóctel de bienvenida.

4 • _____

- Perfecto. ¿A nombre de quién reservo la habitación?

5 • _____

- Perfecto. La reservación ya está hecha.

6 • _____

- A usted. Los esperamos el 5 de octubre.

➜ *Auflösung
Siehe nächste Seite*

TAG 44

Auflösung:

1 Buenos días. ¿Tienen habitaciones libres para las noches del 5 al 8 de octubre?

2 Una doble, por favor.

3 ¿Y el desayuno está incluido?

4 Está bien. Prefiero la habitación de 95 euros.

5 A nombre de Ricardo del Monte Caballero y Catalina Puyo Vega.

6 Muchas gracias. Hasta pronto.

Erfolgs-Check

A. Vervollständigen Sie die Reklamationen im Hotel mit folgenden Begriffen.

> bebidas – camas – acondicionado – toallas – llena – baño –
> agua – borracho – ruido – canguro – higiénico – rota

1 La televisión está _____ .

2 No hay _____ en el minibar.

3 Las _____ no están hechas.

4 El aire _____ no funciona.

5 Los vecinos están haciendo mucho _____ .

6 Falta papel _____ en el baño.

7 No hay _____ caliente.

8 No hay _____ en el baño.

9 La papelera está _____ .

10 Falta champú en el _____ .

11 El animador está _____ .

12 El _____ no juega con mis niños.

B. Sortieren Sie die Begriffe aus der Übung A in Adjektive und Substantive.

Adjektive	Substantive

➔ *Auflösung*
  Siehe nächste Seite

TAG 45

Auflösung:

A. **1** rota **2** bebidas **3** camas **4** acondicionado
   5 ruido **6** higiénico **7** agua **8** toallas
   9 llena **10** baño **11** borracho **12** canguro

B. **Adjektive:** rota, acondicionado, higiénico,
   llena, borracho
   Substantive: bebidas, ruido, agua, toallas,
   baño, canguro

Erfolgs-Check

Übung absolviert am:

	fiel mir leicht ↓	möchte ich wiederholen ↓
----------------------------	☐	☐
----------------------------	☐	☐
----------------------------	☐	☐

Vervollständigen Sie die Sätze, die man in einem Hotel hören kann, mit den richtigen Formen der angegebenen Verben.

1 • ¿Y qué tipo de habitación _____ *(querer)* ustedes?

• _____ *(querer)* una habitación doble con una cama adicional

para el niño.

2 • Una pregunta, ¿el hotel _____ *(ofrecer)* servicio de canguro?

• ¡Por supuesto! Nosotros _____ *(tener)* canguros las 24 horas.

3 • ¿Se _____ *(poder)* alquilar equipo de golf?

• Sí, claro. Si quiere le _____ *(yo – reservar)* uno.

4 • ¡Bienvenidos al Hotel "Los abedules". ¿Qué cóctel _____

(ustedes – preferir)?

• ¡Ah! Pues yo _____ *(querer)* un mojito.

• Yo _____ *(preferir)* una piña colada.

5 • ¿Dónde _____ *(estar)* el ascensor?

• Al final del pasillo. Pero no se preocupen por las maletas. Nosotros se las

_____ *(llevar)* a la habitación.

6 • ¿A qué hora _____ *(nosotros – poder)* desayunar?

• El restaurante _____ *(estar)* abierto desde las 6.30 de la

mañana.

➡ *Auflösung*
Siehe nächste Seite

TAG 46

Auflösung:

1 quieren, queremos
2 ofrece, tenemos
3 puede, reservo
4 prefieren, quiero, prefiero
5 está, llevamos
6 podemos, está

Erfolgs-Check

Finden Sie im Buchstabensalat 17 Wörter, die mit dem Begriff *Unterkunft* verbunden sind.

```
A  M  A  T  G  P  E  N  S  I  O  N  H  U  Z
C  I  N  A  U  B  T  R  E  B  X  O  A  R  E
A  N  I  M  A  D  O  R  R  O  C  G  B  E  N
N  U  T  O  R  E  A  V  D  E  A  S  I  S  R
G  R  E  A  D  E  L  O  T  D  M  I  T  E  Y
U  H  O  T  E  L  L  U  M  E  A  J  A  R  O
R  E  C  B  R  Z  A  L  I  S  U  N  C  V  G
O  M  I  N  Í  B  A  R  X  A  C  X  I  A  U
P  A  E  T  A  M  I  B  O  Y  G  E  Ó  C  A
A  L  B  E  R  G  U  E  J  U  V  E  N  I  L
J  E  R  E  A  Z  U  J  O  N  E  R  D  Ó  L
I  T  E  L  E  V  I  S  I  O  N  T  O  N  A
P  A  S  A  P  O  R  T  E  Q  U  A  B  H  V
O  S  E  X  C  U  R  S  I  O  N  A  L  U  I
R  E  C  E  P  C  I  O  N  I  T  M  E  O  R
```

Waagerecht:

_____

_____

_____

_____

_____

_____

_____

_____

Senkrecht:

_____

_____

_____

_____

_____

_____

_____

➔ *Auflösung*
Siehe nächste Seite

TAG 47

Auflösung:

Waagerecht: pensión, animador, hotel, minibar, albergue juvenil, televisión, pasaporte, excursión, recepción.

Senkrecht: canguro, maletas, guardería, toalla, desayuno, cama, habitación doble, reservación

Erfolgs-Check

	fiel mir leicht	möchte ich wiederholen
Übung absolviert am:	↓	↓
....	☐	☐
....	☐	☐
....	☐	☐

Was haben Sie diese Woche gelernt? Heute können Sie sich testen.

1 Was passt nicht zum Wort *alquiler*?

    a ... de bicicletas

    b ... de canguro

    c ... de equipo de golf

2 Setzen Sie die richtigen Formen von *querer, tener* und *preferir* ein.

    a Nosotros _____ *(preferir)* una habitación doble.

    b El hotel _____ *(tener)* servicio de canguro.

    c Mis hijos _____ *(querer)* nadar en la piscina.

3 Vervollständigen Sie den Satz:
No _____ bebidas en el minibar.

    a están

    b son

    c hay

4 Vervollständigen Sie den Satz:
No se preocupen por las _____, nosotros se las llevamos a la _____.

    a llaves – ascensor

    b toallas – discoteca

    c maletas – habitación

5 Setzen Sie den richtigen Artikel ein.

    a _____ minibar

    b _____ hotel

    c _____ albergue juvenil

➡ *Auflösung*
Siehe nächste Seite

TAG
48

Auflösung:

1 b

2 **a** preferimos **b** tiene **c** quieren

3 c

4 c

5 **a** el **b** el **c** el

Erfolgs-Check

Übung absolviert am:	fiel mir leicht	möchte ich wiederholen
-----------------------------------	☐	☐
-----------------------------------	☐	☐
-----------------------------------	☐	☐

Spanischer Wein

Die *uva* (Traube) bestimmt die Farbe des Weins: Es gibt *blanco* (Weißwein), *rosado* (Rosé) und *tinto* (Rotwein). Auch wenn man Spanien mit seinen berühmten Weinen aus der Rioja und der Ribera del Duero vor allem als Rotweinproduzenten wahrnimmt, machen die Weißweintrauben gut die Hälfte der *viñas* (Rebflächen) aus. Aus Andalusien stammen der *jerez* (Sherry), der damit verwandte *manzanilla* und der *málaga*, ein vino *dulce* (Süßwein) aus der gleichnamigen Stadt. Ein weiteres bedeutendes spanisches Weinerzeugnis ist der *cava*. Dieser Schaumwein wird nach derselben Methode wie Champagner produziert. Seine berühmtesten Vertreter kommen aus Katalonien.

Die Qualitätsstufe des spanischen Weins kann man einigermaßen sicher dem Etikett entnehmen. Der *vino de mesa* (Tafelwein) bildet die unterste Kategorie. Die Qualitätsweine werden anhand der Lagerung näher klassifiziert. Als *crianza* dürfen Weine ausgezeichnet werden, die mindestens zwei Jahre gelagert wurden und davon wiederum ein Jahr im Eichenfass. Ein *reserva* muss bereits drei Jahre und davon mindestens ein Jahr im Eichenfass gelagert werden, und als *gran reserva* schließlich dürfen Weine bezeichnet werden, die mindestens zwei Jahre Eichenfass- und weitere drei Jahre Flaschenlagerung hinter sich gebracht haben.

Vorsicht übrigens im Restaurant: Machen Sie bei der Bestellung eines *manzanilla* deutlich, dass Sie den Sherry meinen und keinen Kamillentee, der ebenfalls *manzanilla* heißt. Und wenn Sie in Kolumbien oder Venezuela einen einfachen *tinto* statt eines *vino tinto* bestellen, dann erhalten Sie keinen Rotwein, sondern einen *café solo* (Espresso).

A. ¿Qué hora es? Ordnen Sie die Uhrzeiten den Sätzen zu.

1	17.30	a	Son las doce del mediodía.
2	6.00	b	Son las diez y cinco de la noche.
3	23.45	c	Son las ocho menos veinte de la tarde.
4	12.00	d	Es la una y cuarto de la tarde.
5	13.15	e	Son las cinco y media de la tarde.
6	22.05	f	Es medianoche.
7	19.40	g	Son las seis de la mañana.
8	00.00	h	Son las doce menos cuarto de la noche.

B. Ordnen Sie diese Alltags-Aktivitäten chronologisch.

_____ cenar

_____ levantarse

_____ volver a casa

_____ ir al trabajo

_____ acostarse

_____ ir a un bar con los colegas

_____ ducharse

_____ comer

_____ despertarse

➔ Auflösung
Siehe nächste Seite

TAG
50

Auflösung:

A. **1** e – **2** g – **3** h – **4** a –**5** d – **6** b –**7** c – **8** f

B. **1** despertarse **2** levantarse
3 ducharse **4** ir al trabajo **5** comer
6 ir a un bar con los colegas
7 volver a casa **8** cenar **9** acostarse

Erfolgs-Check

A. Vervollständigen Sie die Tabelle mit den richtigen Konjugationsformen.

	despertarse	**acostarse**	**vestirse**
yo	_____ despierto	_____ _____	me visto
tú	_____ _____	te acuestas	te vistes
él/ella, usted	se despierta	_____ _____	_____ _____
nosotros/as	nos despertamos	_____ _____	nos vestimos
vostros/as	_____ _____	os acostáis	_____ _____
ellos/ellas, ustedes	_____ _____	se acuestan	_____ _____

B. Schreiben Sie das Personalpronomen der jeweiligen Form und den Infinitiv folgender Verben auf.

Beispiel: yo me despierto: despertarse

1 _____ os aburrís: _____

2 _____ se acuesta: _____

3 _____ se encuentran: _____

4 _____ te lavas: _____

5 _____ nos ponemos: _____

6 _____ me acuerdo: _____

*Auflösung
Siehe nächste Seite*

**TAG
51**

Auflösung:

A. **despertarse:** me despierto, te despiertas, se despierta, nos despertamos, os despertáis, se despiertan

acostarse: me acuesto, te acuestas, se acuesta, nos acostamos, os acostáis, se acuestan

vestirse: me visto, te vistes, se viste, nos vestimos, os vestís, se visten

B. **1** vosotros – aburrirse

2 él, ella, usted – acostarse

3 ellos, ellas, ustedes – encontrarse

4 tú – lavarse

5 nosotros/as – ponerse

6 yo – acordarse

Erfolgs-Check

Übung absolviert am:	fiel mir leicht	möchte ich wiederholen
....	☐	☐
....	☐	☐
....	☐	☐

A. Vervollständigen Sie die Sätze mit dem entsprechenden Reflexivpronomen.

1 ¿Tú _____ duchas con agua fría? ¡Por qué!

2 Mis hijos _____ levantan siempre tarde.

3 Yo _____ cambio de ropa cuando llego del trabajo.

4 Los domingos mi marido y yo generalmente _____ quedamos en casa.

5 Mi hija siempre _____ maquilla.

6 Mi hijo de 17 años ya _____ afeita.

7 Vosotras, ¿_____ peináis siempre en la peluquería?

8 Yo _____ despierto siempre a las 6.00. Incluso los fines de semana.

9 Mi sobrina tiene 3 años y ¡_____ viste sola!

10 ¿Cómo _____ llamas?

11 ¿Por qué _____ acuestas tan tarde? ¡Hay que dormir mínimo 8 horas!

B. Wie lautet die Infinitivform der Verben von Übung A?

1 _____   **7** _____

2 _____   **8** _____

3 _____   **9** _____

4 _____   **10** _____

5 _____   **11** _____

6 _____

→ *Auflösung*
Siehe nächste Seite

TAG 52

Auflösung:

A **1** te **2** se **3** me **4** nos **5** se **6** se
7 os **8** me **9** se **10** te **11** te

B **1** ducharse **2** levantarse **3** cambiarse
4 quedarse **5** maquillarse **6** afeitarse
7 peinarse **8** despertarse **9** vestirse
10 llamarse **11** acostarse

Erfolgs-Check

Vervollständigen Sie den Text über Ricardos Alltag mit folgenden Verben.

> despertarse – acostarse – volver – ir – cenar – leer – lavarse –
> ver – navegar – desayunar – levantarse – comer – ducharse

Ricardo **(1)** _____ a las 6.00 de la mañana. Apaga el despertador

dos o tres veces y finalmente **(2)** _____ . Hace 20 minutos

de gimnasia y luego **(3)** _____ con agua caliente.

Él **(4)** _____ rápidamente un café con tostadas y va al

trabajo en metro.

A mediodía **(5)** _____ con los colegas en la cafetería de su empresa.

A eso de las 6.00 de la tarde **(6)** _____ a un bar de tapas

con sus colegas. Generalmente pide papas arrugadas.

Más tarde **(7)** _____ a casa y **(8)** _____ una

ensalada y una sopa mientras **(9)** _____ las noticias por televisión.

Luego **(10)** _____ un libro o **(11)** _____ en

Internet.

Por último **(12)** _____ los dientes y **(13)** _____ a las 11.30.

Esta es la rutina de Ricardo. ¡Nac

Auflösung
Siehe nächste Seite
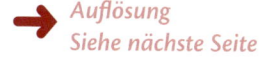

TAG 53

Auflösung:

1 se despierta **2** se levanta **3** se ducha
4 desayuna **5** come **6** va **7** vuelve **8** cena
9 ve **10** lee **11** navega **12** se lava **13** se acuesta

Erfolgs-Check

Übung absolviert am:

	fiel mir leicht	möchte ich wiederholen
....	☐	☐
....	☐	☐
....	☐	☐

**A. Bringen Sie die Wörter in die richtige Reihenfolge,
damit sich ein Satz ergibt.**

1 con / nos / duchamos / fría / agua / Nosotros / no

_____.

2 se / maquilla / hija / siempre / Mi

_____.

3 en / voy / bicicleta / Yo / al / trabajo

_____.

4 despertador / tres / apaga / Mi / el / veces / hijo

_____.

5 los? / A / hora / qué / ¿ / levantáis / domingos/ os

_____.

B. Setzen Sie die fehlenden Präpositionen ein.

1 Ricardo se levanta _____ las 6.30 _____ la mañana.

2 María va _____ metro _____ la oficina.

3 Yo como _____ la cantina _____ la una y la una y media.

4 Mi novio hace deporte _____ las mañanas.

5 Mi colega toma café _____ leche.

➡ *Auflösung
Siehe nächste Seite*

**TAG
54**

Auflösung:

A. **1** Nosotros no nos duchamos con agua fría.

2 Mi hija siempre se maquilla.

3 Yo voy al trabajo en bicicleta.

4 Mi hijo apaga el despertador tres veces.

5 ¿A qué hora os levantiás los domingos?

B. **1** a, de

2 en, a

3 en, entre

4 por

5 con

Erfolgs-Check

Was haben Sie diese Woche gelernt? Heute können Sie sich testen.

1 Welcher Satz ist falsch?

    a Me levanto temprano.

    b Me ceno temprano.

    c Me acuesto temprano.

2 Welches Pronomen passt nicht zu *vuelven*?

    a ellos

    b vosotros

    c ustedes

3 Wie lauten die Reflexivpronomen zu folgenden Formen?

    a _____ acostáis

    b _____ despertamos

    c _____ levantan

4 Welche Präpositionen fehlen? *Yo me levanto _____ las 6.30 _____ la mañana.*

    a a – por

    b de – a

    c a – de

5 Welcher Satz ist richtig?

    a Yo no ducho con agua fría.

    b Yo me no ducho con agua fría.

    c Yo no me ducho con agua fría.

➜ *Auflösung*
Siehe nächste Seite

TAG 55

Auflösung:

1 b – **2** b – **3 a** os **b** nos **c** se – **4** c – **5** c

Erfolgs-Check

Übung absolviert am:	fiel mir leicht	möchte ich wiederholen
	↓	↓
....	☐	☐
....	☐	☐
....	☐	☐

El franquismo

Die Militärdiktatur Francos hat die Spanier geprägt und ihre Auswirkungen waren auch für die nachfolgenden Generationen noch spürbar.

1936 putschte Francisco Franco Bahamonde (1892–1975) die republikanische Regierung Spaniens und der Spanische Bürgerkrieg brach aus. Francos Truppen gewannen den blutigen Krieg und *el caudillo* (*der Führer*) regierte das Land bis zu seinem Tod.

Der *franquismo* war durch traditionell konservative Vorstellungen geprägt, die zum Teil faschistische Züge hatten. So gab es eine Zensur der Medien, Regimegegner wurden unterdrückt und regionale Sprachen wie das Baskische, das Galicische und das Katalanische wurden verboten (s. Tag 42). Das *castellano* (Kastilisch, Spanisch) war die einzige Nationalsprache. Francos letzte Amtsjahre waren weniger repressiv und werden auch als *dictablanda* (*blando/-a* = weich) bezeichnet.

Kurz vor seinem Tod bestimmte Franco den heutigen König Juan Carlos I. als seinen Nachfolger. Der allmähliche Übergang zur Demokratie wird *transición* genannt. Juan Carlos I. setzt sich in dieser Zeit für eine moderne Gesellschaft ein, in der freie Wahlen möglich sein sollten. 1978 trat die *constitución española* (*spanische Verfassung*) in Kraft und Spanien wurde zur parlamentarischen Monarchie.

Erst Jahre nach Francos Tod wurde in Spanien mit der Aufarbeitung des Bürgerkrieges und des Franco-Regimes begonnen. Letzte Straßen mit dem Namen des Diktators wurden umbenannt und erst 2005 wurden die letzten zwei verbliebenen Franco-Statuen aus dem Straßenbild entfernt.

A. Vervollständigen Sie die Tabelle mit den richtigen Formen der Verben *saber* und *poder*.

	poder	*saber*
yo	puedo	
tú		sabes
él/ella, usted	puede	
nosotros/as	podemos	sabemos
vostros/as		sabéis
ellos/ellas, ustedes	pueden	

B. Lesen Sie die Sätze und markieren Sie, ob es sich um a oder b handelt: a: erlernte Fähigkeit / Wissen – b: Möglichkeit / Erlaubnis

	a	b
1 Lo siento, no puedo ir a tu fiesta. Tengo que trabajar.		
2 Mi hijo sabe inglés, francés y chino.		
3 Podemos ir al cine el martes, ¿no?		
4 ¿Sabes si hay un banco por aquí?		
5 ¿No sabes bailar salsa?		
6 ¿Se puede fumar aquí?		

➜ *Auflösung
Siehe nächste Seite*

TAG 57

Auflösung:

A. **poder:** puedo, puedes, puede, podemos, podéis, pueden
saber: sé, sabes, sabe, sabemos, sabéis, saben

B. **1** b – **2** a – **3** b – **4** a – **5** a – **6** b

Erfolgs-Check

Übung absolviert am:

	fiel mir leicht	möchte ich wiederholen
....	☐	☐
....	☐	☐
....	☐	☐

Vervollständigen Sie die Sätze mit den passenden Formen von *saber* oder *poder*.

- Oye, Antonio, ¿tú sabes bailar tango?
- No, no **(1)** _____ ¿Por qué?
- Es que quiero hacer un curso de tango y no tengo pareja.
- ¡Ah! ¡Qué bien! Nosotros **(2)** _____ hacer un curso juntos. ¿Cuándo es el curso?
- Los martes por la noche. ¿Tú **(3)** _____?
- ¡Ay! Los martes no **(4)** _____. Es que los martes quiero ir a un curso de salsa.
- ¿De salsa? ¿No **(5)** _____ bailar salsa? ¿Tú bailas algo Antonio?
- Bueno, sí. **(6)** _____ bailar muy bien *breakdance*.
- Mmm ... ¡Tengo una idea! Yo te enseño a bailar salsa otro día y tú me enseñas a bailar *breakdance*. Así, nosotros **(7)** _____ ir el martes a clase de tango. ¿Qué dices?
- ¡Qué buena idea! ¿A qué hora es la clase?
- A las 19.30.
- ¡A las 19.30 no **(8)** _____!
- ¡Ay! ¡Antonio! ¡No **(9)** _____ ser!
- Ja, ja, ja. ¡Es una broma! Yo sí tengo tiempo. Vamos el martes a la clase de tango. ¿Dónde es?
- ¿ **(10)** _____ dónde está la escuela de baile "El zapato de oro"?
- Sí, yo **(11)** _____ dónde está. Vivo muy cerca.
- Perfecto. Entonces, hasta el martes.
- ¡Hasta el martes!

→ *Auflösung*
Siehe nächste Seite

TAG 58

Auflösung:

1 sé **2** podemos **3** puedes **4** puedo
5 sabes **6** sé **7** podemos **8** puedo **9** puede
10 sabes **11** sé

Erfolgs-Check

Übung absolviert am:

	fiel mir leicht ↓	möchte ich wiederholen ↓
----------------------------------	☐	☐
----------------------------------	☐	☐
----------------------------------	☐	☐

Ordnen Sie die folgenden Ausdrücke in die Tabelle unten ein.

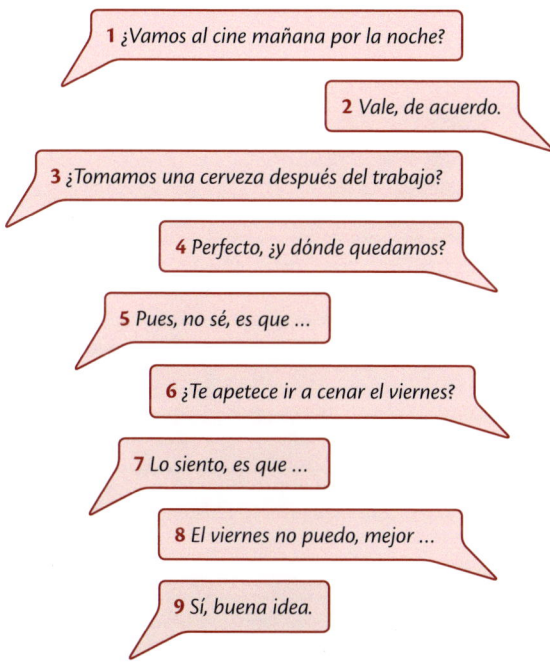

1 ¿Vamos al cine mañana por la noche?

2 Vale, de acuerdo.

3 ¿Tomamos una cerveza después del trabajo?

4 Perfecto, ¿y dónde quedamos?

5 Pues, no sé, es que ...

6 ¿Te apetece ir a cenar el viernes?

7 Lo siento, es que ...

8 El viernes no puedo, mejor ...

9 Sí, buena idea.

quedar *sich verabreden*	aceptar *annehmen*	rechazar *ablehnen*

➡ *Auflösung*
Siehe nächste Seite

TAG 59

Auflösung:

quedar: 1, 3, 6
aceptar: 2, 4, 9
rechazar: 5, 7, 8

Erfolgs-Check

Übung absolviert am:

	fiel mir leicht ↓	möchte ich wiederholen ↓
-----------------------------	☐	☐
-----------------------------	☐	☐
-----------------------------	☐	☐

A. Bringen Sie den Dialog in die richtige Reihenfolge.

1	¡Hola, Camila! ¿Qué tal? Oye, ¿salimos esta noche?	a	Sí, en la entrada de "Sodita" a las ocho. Muy bien.
2	Claro que la conozco. Allí ponen salsa y bachata. ¡Perfecto! ¿A qué hora quedamos?	b	Adiós. ¡Hasta luego!
3	Sí, a las ocho está bien. ¿Quedamos en la entrada de la discoteca?	c	¡Claro! Podemos ir a la discoteca "Sodita". ¿La conoces?
4	Podemos ir a bailar. ¿Tú sabes bailar salsa? ¿No?	d	Sí, esta noche tengo tiempo. ¿Qué hacemos?
5	Entonces, nos vemos esta noche. Adiós.	e	¿Qué tal a las ocho? Es que mañana tengo que trabajar temprano.

B. Lesen Sie den Dialog und markieren Sie mit *F (falso)* oder *C (correcto)*.

		F	C
1	Camila tiene que trabajar a las ocho.		
2	Camila sabe bailar salsa.		
3	La discoteca se llama „Salsita".		
4	Los amigos van a quedar en la entrada de la discoteca.		

➜ *Auflösung*
Siehe nächste Seite

TAG
60

Auflösung:

A. 1 d – 4 c – 2 e – 3 a – 5 b
B. 1 F – 2 C – 3 F – 4 C

Erfolgs-Check

	fiel mir leicht	möchte ich wiederholen
Übung absolviert am:	↓	↓
....	☐	☐
....	☐	☐
....	☐	☐

Ergänzen Sie die Dialoge mit den fehlenden direkten Objektpronomen.

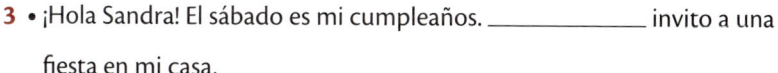

os – te – los – me – la – lo – te

1 • ¿Conoces la discoteca "Sodita"?

 • ¡Claro que _____ conozco!

2 • ¿Carlos y Lola van a la discoteca también?

 • No sé, ¿por qué no _____ llamas?

3 • ¡Hola Sandra! El sábado es mi cumpleaños. _____ invito a una

 fiesta en mi casa.

 • ¡Estupendo! Nos vemos el sábado.

4 • ¡Carlos! ¡Mario! _____ invito a una fiesta en mi casa el

 sábado. Sandra también viene.

 • ¡Qué bien! Oye, y ¿Miguel también va a tu fiesta?

 • ¿Miguel? No _____ conozco. ¿Quién es?

 • El ex novio de Sandra.

5 • ¿Diga?

 • ¡Hola Sandra! Es Miguel. ¿Qué tal? Oye, te llamo porque … todavía

 pienso en ti y…

 • Miguel, Miguel. Disculpa. Ahora no tengo tiempo. ¿ _____

 puedes llamar otro día?

 • Sí, claro. Mañana _____ llamo a las 7.00 de la mañana. Adiós.

 • Ay. ¡Qué pesado!

Auflösung
Siehe nächste Seite

TAG
61

Auflösung:

1 la

2 los

3 te

4 os, lo

5 me, te

Erfolgs-Check

Übung absolviert am:

	fiel mir leicht ↓	möchte ich wiederholen ↓
....	☐	☐
....	☐	☐
....	☐	☐

Was haben Sie diese Woche gelernt? Heute können Sie sich testen.

1 Wie lauten die entsprechenden Personalpronomen bei folgenden Formen?

a _____ sé

b _____ podemos

c _____ sabéis

2 Die Frage *Kannst du Spanisch?* **drückt man auf Spanisch mit dem Verb ...**

a *saber* aus.

b *poder* aus.

c *saber* und *poder* aus.

3 Wofür steht der folgende Ausdruck: *Lo siento, es que ... ?*

a quedar

b aceptar

c rechazar

4 Das Verb *poder* **in den Sätzen** *Señor, en este bar no se puede fumar. Si quiere, puede fumar en la terraza* **drückt ...**

a Möglichkeit und Erlaubnis aus.

b Erlaubnis und Möglichkeit aus.

c beide Male Möglichkeit aus.

5 Welche Präpositionen fehlen im Dialog?
• *Mi número es 32 239 490. ¿_____ llamas?*
◦ *Sí, yo _____ llamo esta noche. ¡Hasta pronto!*

a te – te

b te – me

c me – te

➡ *Auflösung
Siehe nächste Seite*

TAG
62

Auflösung:

1 **a** yo **b** nosotros **c** vosotros

2 a

3 c

4 b

5 c

Erfolgs-Check

Übung absolviert am:

	fiel mir leicht	möchte ich wiederholen
-----------------------------------	☐	☐
-----------------------------------	☐	☐
-----------------------------------	☐	☐

Reisen in Spanien

Ankunft am Flughafen in Madrid. Und wie geht's nun weiter? Wer im Voraus bucht, kann auch bei den großen spanischen Fluggesellschaften ein Schnäppchen machen und direkt zu seinem Zielort fliegen. Doch ist es nicht viel schöner, ein Land mit Bus und Bahn zu erkunden?

Spontan Reisenden bieten die zahlreichen Busunternehmen immer einen Weg zum Ziel. Mit der Frage: *Hay un autobús a Salamanca / León /...?* wird man Ihnen an der *estación de autobuses* sicher gerne weiterhelfen. Anders als in Deutschland gibt es in Spanien eine Vielzahl an Busunternehmen, die regionale, nationale und internationale Fahrten anbieten. Wichtig ist es daher, zuerst das Busunternehmen ausfindig zu machen, das das gewünschte Ziel anfährt.

Die spanische Eisenbahn *RENFE* bietet eine bequeme Alternative, ist aber nicht immer die schnellere Wahl. Die modernen Expressbusse, die direkte Verbindungen auf Langstrecken anbieten, erreichen ihr Ziel manchmal sogar schneller als ihr Konkurrent auf Schienen. Das gilt natürlich nicht für Fahrten mit dem Hochgeschwindigkeitszug AVE: Dieser gilt als einer der besten Züge Europas. Eine Fahrt mit dem AVE ist allerdings deutlich teurer als die üblichen Züge. Die Fahrkarten *(billetes)* kauft man übrigens an der *estación (de trenes)* *(Bahnhof)* und nicht erst im Zug.

Auch auf Taxis kann man sich in der Regel verlassen, (innerstädtisches) Taxi fahren ist in Spanien recht günstig und der Tarif sollte im Wagen auch angezeigt werden.

Wer ganz sparsam reisen will, kann es auch per Anhalter versuchen. *Hacer autostop* ist zwar längst nicht so verbreitet wie in Deutschland, doch wer im Urlaub ist, hat ja Zeit. Und der Kontakt zu Einheimischen ist garantiert!

Beschriften Sie die Körperteile.

la barriga – la boca – el brazo – la cabeza – el cuello –
los dedos de la mano – los dedos del pie – la mano – la nariz –
los ojos – las orejas – el pecho – el pelo – el pie – la pierna – la rodilla

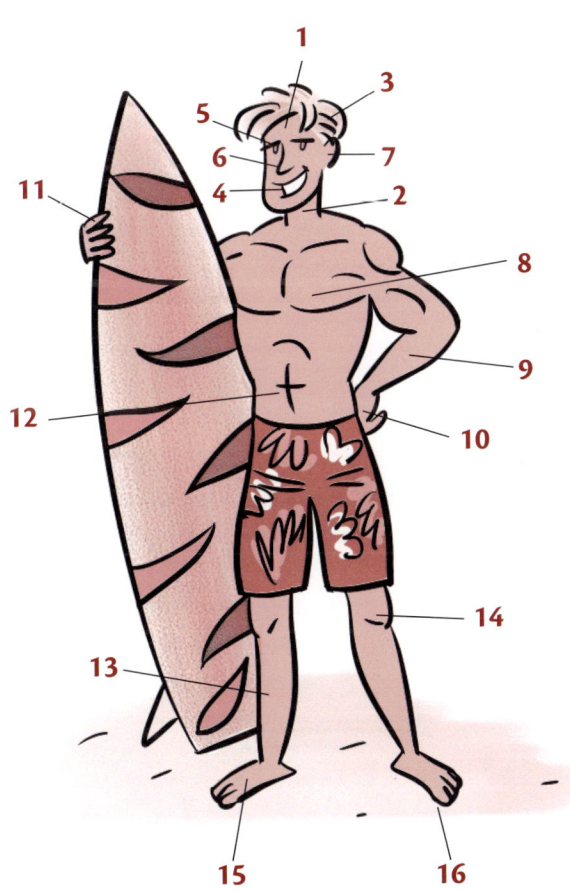

*Auflösung
Siehe nächste Seite*

TAG 64

Auflösung:

1 la cabeza
2 el cuello
3 el pelo
4 la boca
5 los ojos
6 la nariz
7 las orejas
8 el pecho
9 el brazo
10 la mano
11 los dedos de la mano
12 la barriga
13 la pierna
14 la rodilla
15 el pie
16 los dedos del pie

Erfolgs-Check

Übung absolviert am:

	fiel mir leicht	möchte ich wiederholen
	↓	↓
....	☐	☐
....	☐	☐
....	☐	☐

A. Wählen Sie die richtige Form von *doler*.

1 A Eugenia le duele/duelen la cabeza.

2 A Paula le duele/duelen los oídos.

3 A María le duele/duelen los pies.

4 A Juliana y Ángela les duele/duelen la espalda.

5 A Jorge y a Julio les duele/duelen las muelas.

B. Ordnen Sie die Symptome dem passenden Verb zu.

mareado – resaca – resfriado – mal de amores –
una picadura de medusa – dolor de estómago – borracho

estar	tener

➔ *Auflösung*
Siehe nächste Seite

Auflösung:

A. **1** duele **2** duelen **3** duelen
4 duele **5** duelen

B. **estar:** mareado, resfriado, borracho
tener: resaca, mal de amores,
una picadura de medusa,
dolor de estómago

Erfolgs-Check

	fiel mir leicht	möchte ich wiederholen
Übung absolviert am:	↓	↓
_____	☐	☐
_____	☐	☐
_____	☐	☐

A. Vervollständigen Sie die Tabelle mit den Partizipien der folgenden Verben.

~~bailar~~ – comer – terminar – oir – poner – estudiar – escribir – hacer – volver – ir – estar – beber – salir – tomar – decir – abrir – llegar – romper – perder – haber – buscar – completar – desayunar – leer – pedir – poder

Endung *-ado*	Endung *-ido*	Unregelmäßige Formen
bailado		

B. Ergänzen Sie die fehlenden Formen des Hilfsverbs *haber*.

	haber
yo	
tú	
él/ella, usted	ha
nosotros/as	hemos
vosotros/as	
ellos/ellas, ustedes	han

→ *Auflösung*
Siehe nächste Seite

TAG 66

Auflösung:

A. Endung *-ado*: bailado, terminado, estudiado, estado, tomado, llegado, buscado, completado, desayunado

Endung *-ido*: comido, oído, ido, bebido, salido, perdido, habido, leído, pedido, podido

Unregelmäßige Formen: puesto, escrito, hecho, vuelto, dicho, abierto, roto

B. haber: he, has, ha, hemos, habéis, han

Erfolgs-Check

Übung absolviert am:

fiel mir leicht → □   möchte ich wiederholen → □

□   □

□   □

A. Verbinden Sie die Satzteile, sodass sich sinnvolle Sätze ergeben.

1	Juanita ha bailado toda la noche en la discoteca...		a	tengo resaca.
2	Mario ha comido tres paellas...		b	estoy resfriado.
3	Pedro y Eva han estado 12 horas en un concierto de tecno...		c	tiene mal de amores.
4	Yo he salido de casa sin ropa de abrigo...		d	tiene agujetas.
5	Hoy mi novio ha hecho yoga por primera vez...	por eso	e	tiene quemaduras de sol.
6	Yo he bebido ocho mojitos...		f	le duelen los pies.
7	Mi hermano ha terminado con la novia...		g	le duele la cabeza.
8	Mi novio ha tomado el sol todo el día...		h	les duelen los oídos.
9	Mi hijo ha escrito un trabajo de física cuántica para la universidad...		i	le duele la barriga.

B. Tragen Sie die Beschwerden von Übung A, geordnet nach dem dazugehörigen Verb, in die Tabelle ein.

tener	estar	doler

➜ *Auflösung
Siehe nächste Seite*

TAG 67

Auflösung:

A. **1** f – **2** i – **3** h – **4** b – **5** d –
6 a – **7** c – **8** e – **9** g

B. **tener:** resaca, mal de amores, agujetas,
quemaduras de sol
estar: resfriado
doler: los pies, la cabeza, los oídos,
la barriga

Erfolgs-Check

Übung absolviert am:

	fiel mir leicht	möchte ich wiederholen
	↓	↓
-------------------	☐	☐
-------------------	☐	☐
-------------------	☐	☐

In der Praxis von Doktor Méndez.
Verbinden Sie die Spalten richtig, sodass sich ein Dialog ergibt.

1	Buenos días.	**a**	Sí, esta mañana he tenido 40 grados.
2	A ver, abra la boca y diga "Aaaa".	**b**	¿Puedo beber mojito?
3	¡No! No beba alcohol. Beba mucha agua y té.	**c**	¿No? ¿Cuánto tiempo no debo tomar mojito?
4	¿Qué le pasa?	**d**	Buenos días, doctor.
5	Mmm, tiene una infección en la garganta. Le voy a dar unas pastillas para quitar la infección.	**e**	¡Ah! ¿Sabe, doctor? Creo que ahora me siento mejor. Muchas gracias.
6	¿También ha tenido fiebre?	**f**	"Aaaaaaa."
7	Por lo menos dos semanas sin alcohol.	**g**	Pues que me siento fatal, tengo tos y dolor de garganta.

→ *Auflösung*
Siehe nächste Seite

TAG 68

Auflösung:

1 d – **4** g – **6** a – **2** f – **5** b – **3** c – **7** e

Erfolgs-Check

Übung absolviert am:

	fiel mir leicht	möchte ich wiederholen
-----------------------------	☐	☐
-----------------------------	☐	☐
-----------------------------	☐	☐

Was haben Sie diese Woche gelernt? Heute können Sie sich testen.

1 Welche dieser Körperteile befinden sich am Oberkörper?

  a las piernas
  b las rodillas
  c las orejas

2 Welche Form ist richtig?

  a A Ester le duele/duelen los oídos.
  b A Sara y a Eva les duele/duelen la barriga.
  c A mí me duele/duelen la cabeza.

3 Welche dieser Verben hat ein unregelmäßiges Partizip?

  a ser
  b volver
  c estar

4 Vervollständigen Sie den Satz: *He bebido 15 mojitos, por eso ...*

  a duelo resaca.
  b estoy resaca.
  c tengo resaca.

5 Welches Wort passt nicht in die Reihe?

  a agua – mojito – garganta – té
  b oídos – garganta – cabeza – pies
  c fatal – tos – sol – dolor

*Auflösung
Siehe nächste Seite*

TAG 69

Auflösung:

1 c

2 **a** duelen **b** duele **c** duele

3 b

4 c

5 **a** garganta **b** pies **c** sol

Erfolgs-Check

	fiel mir leicht	möchte ich wiederholen
Übung absolviert am:	↓	↓
....	☐	☐
....	☐	☐
....	☐	☐

Kleine Wortbildungsschule

Sie haben sich für den Abend zwei Flaschen Bier gekauft, aber vergessen, dass Sie natürlich einen Flaschenöffner brauchen. Gut, im Notfall bekommen Sie das Bier auch ohne **abrebotellas** auf. Doch wie machen Sie es bei einer Flasche Wein?

Es gibt eine Reihe zusammengesetzter Wörter, die solch praktische Dinge wie einen **sacacorchos** (*Korkenzieher*) oder einen **abrelatas** (*Dosenöffner*) bezeichnen. Das Verb steht in der 3. Person Singular vor dem Gegenstand, mit dem es etwas macht. Man muss natürlich wissen, was man öffnen will bzw. was man womit tun möchte. Hier einige Beispiele:

el espantapájaros – *die Vogelscheuche,* **el guardarropa** – *die Garderobe,* **el lavaplatos** oder **el lavavajillas** – *die Spülmaschine,* **el pintalabios** – *der Lippenstift.*

Noch häufiger werden deutsche zusammengesetzte Wörter im Spanischen durch mehrere einzelne wiedergegeben, z. B. **el traje de baño** (*Badeanzug*), **la tarjeta de crédito** (*Kreditkarte*) oder die bekannten **huevos revueltos** (*Rührei*).

Ein anderes schönes Beispiel für die Wortbildung im Spanischen ist die Veränderung der Endungen – so können aus einem Wort wie **fruta** mehrere Wörter entstehen: **la fruta** – *Obst,* **el frutal** – *Obstbaum,* **la frutería** – *die Obsthandlung,* **el frutero** – *die Obstschale, das Stillleben,* **el frutero, la frutera** – *der Obsthändler, die Obsthändlerin,* **el fruto** – *die Frucht.*

Daher kann die Aufschrift einer Honigtube „¡Sin goteo!" erstmal für Verwirrung sorgen: Ohne Kalorien? Ohne Zusatzstoffe? Was ist denn eigentlich ein **goteo**? Wer scharf nachdenkt, kann es sich vielleicht erschließen, denn **la gota** ist *der Tropfen* und **gotear** heißt *tropfen.* Die Honigtube kann man also verwenden, ohne dass es tropft.

Ordnen Sie die Ausdrücke danach, mit welcher Zeitform sie angewendet werden.

> esta mañana – el año pasado – tres veces – el martes – este mes – en 1999 –
> este año – ya – este siglo – nunca – este verano – todavía no – en mayo –
> anoche – hoy – alguna vez – el fin de semana pasado – hace – muchas veces

Pretérito perfecto	Indefinido

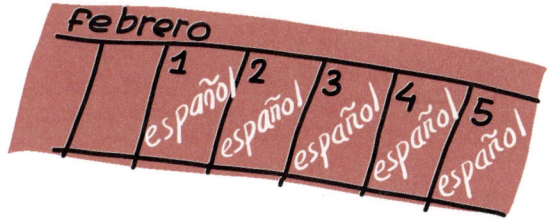

➜ *Auflösung*
Siehe nächste Seite

TAG 71

Auflösung:

Pretérito perfecto:

esta mañana, tres veces, este mes, este año, ya, este siglo, nunca, este verano, todavía no, hoy, alguna vez, muchas veces

Indefinido:

el año pasado, el martes, en 1999, en mayo, anoche, el fin de semana pasado, hace

Erfolgs-Check

Übung absolviert am:	fiel mir leicht	möchte ich wiederholen
....	☐	☐
....	☐	☐
....	☐	☐

Pedro will seinen Urlaub in Cancún verbringen und möchte alles vor der Reise fertig haben. Schreiben Sie Sätze mit *ya* (schon) und *todavía no* (noch nicht) zu den Punkten auf der Checkliste und verwenden Sie dabei die richtige Zeitform des Verbs.

1	✔	Regar las plantas.
2		Llevar al perro a casa de mamá.
3	✔	Comprar un bañador.
4		Hacer la maleta.
5	✔	Devolver el libro a la biblioteca.
6		Buscar el pasaporte.
7		Terminar el trabajo escrito para la universidad.

1 *Pedro ya ha regado las plantas.*

2 _____

3 _____

4 _____

5 _____

6 _____

7 _____

➔ *Auflösung
Siehe nächste Seite*

TAG 72

Auflösung:

1 Pedro ya ha regado las plantas.
2 Pedro todavía no ha llevado al perro a casa de su mamá.
3 Pedro ya ha comprado el bañador.
4 Pedro todavía no ha hecho la maleta.
5 Pedro ya ha devuelto el libro a la biblioteca.
6 Pedro todavía no ha buscado el pasaporte.
7 Pedro todavía no ha terminado el trabajo escrito para la universidad.

Erfolgs-Check

Übung absolviert am:

	fiel mir leicht ↓	möchte ich wiederholen ↓
-----------------------------------	☐	☐
-----------------------------------	☐	☐
-----------------------------------	☐	☐

A. Vervollständigen Sie die Tabelle mit der richtigen Form vom *indefinido*.

	conocer	salir	ir + a	estar
yo		salí	fui a	
tú	conociste		fuiste a	estuviste
él/ella, usted		salió		
nosotros/as	conocimos		fuimos a	estuvimos
vostros/as		salisteis		estuvisteis
ellos/ellas, ustedes	conocieron		fueron a	

B. Vervollständigen Sie Pablos Reisebericht mit den richtigen Formen folgender Verben.

> bailar – conocer – salir – ir – estar

Las vacaciones pasadas **(1)** _____ a Cancún. ¡Es un lugar increíble!

Todos los días **(2)** _____ en la playa y **(3)** _____

el sol. En la playa **(4)** _____ a Mariela, una chica guapísima y

muy simpática.

Nosotros **(5)** _____ casi todas las noches: **(6)** _____

a restaurantes, **(7)** _____ en discotecas.

→ Auflösung
Siehe nächste Seite

**TAG
73**

Auflösung:

A. **conocer:** conocí, conociste, conoció, conocimos, conocisteis, conocieron
salir: salí, saliste, salió, salimos, salisteis, salieron
ir a: fui a, fuieste a, fue a, fuimos a, fuisteis a, fueron a
estar: estuve, estuviste, estuvo, estuvimos, estuvisteis, estuvieron

B. **1** fui **2** estuve **3** tomé **4** conocí **5** salimos **6** fuimos **7** bailamos

Erfolgs-Check

Übung absolviert am:

	fiel mir leicht ↓	möchte ich wiederholen ↓
....	☐	☐
....	☐	☐
....	☐	☐

Vervollständigen Sie die Sätze mit *indefinido* oder *pretérito perfecto*.

1 • Oye, ¿ _____ (*estar*) alguna vez en Madrid?

   • Sí, claro _____ (*estar*) muchas veces allí.

2 • María, Pedro, ¿ _____ (*ver*) ya la última película de

   Pedro Almodóvar?

   • Sí, ayer _____ (*ir*) al cine. ¡Es buenísima! ¿Y tú?

   ¿Ya la _____ (*ver*)?

   • No, todavía no la _____ (*ver*). Quiero ir esta noche.

3 • ¿Sabes? ¡Este mes yo _____ (*empezar*) a hacer yoga!

   • ¿Sí? ¡Yo también! El lunes _____ (*ser*) mi primera clase.

4 • Esta tarde _____ (*encontrarse*) con Pablo. ¡Está bronceado! ¿No?

   • Sí, es que hace dos semanas _____ (*estar*) en Cancún.

   Anoche me _____ (*mostrar*) las fotos.

5 • ¡Hola, Pedro! ¿Qué tal el fin de semana?

   • Muy romántico: el sábado _____ (*estar*) en una exposición.

   Ahí _____ (*conocer*) a una chica fantástica. Después de la

   exposición ella y yo _____ (*ir*) a cenar a un restaurante.

   Ayer nosotros también _____ (*salir*).

   Esta mañana la _____ (*llamar*) por teléfono. ¿Sabes?

   Creo que me _____ (*enamorar*).

➡ *Auflösung*
Siehe nächste Seite

TAG 74

Auflösung:

1 has estado, he estado
2 habéis visto, fuimos, has visto, he visto
3 he empezado, fue
4 me he encontrado, estuvo, mostró
5 estuve, conocí, fuimos, salimos, he llamado,
   he enamorado

Erfolgs-Check

	fiel mir leicht	möchte ich wiederholen
Übung absolviert am:	↓	↓
----------------------------	☐	☐
----------------------------	☐	☐
----------------------------	☐	☐

Suchen Sie die unregelmäßigen Verben im *indefinido* im Buchstabensalat.

```
E A N D U V I S T E A F E L P
S P U D E S V I N O T U S D U
T U R I D I J O D Z R I T I S
U S U P I S T E I S A M U J O
V I A U G A S T J O J O V E Y
I S N D V P Q U I S E S O R P
E T D I I U R O S T A M A O I
R E U E N D I R T R A J O N O
O C V R E I M O E C R I F U E
N O E O E S A D I S T E Z E M
I V I N U T O R S U P E F U I
D U R M I E R O N A S U P O N
Q U I S I M O S E T A D I J E
```

Waagerecht:

1 _____ 2 _____ 3 _____

4 _____ 5 _____ 6 _____

7 _____ 8 _____ 9 _____

10 _____ 11 _____ 12 _____

13 _____ 14 _____ 15 _____

Senkrecht:

1 _____ 2 _____ 3 _____

4 _____ 5 _____ 6 _____

7 _____ 8 _____ 9 _____

10 _____ 11 _____ 12 _____

➡ *Auflösung*
Siehe nächste Seite

TAG 75

Auflösung:

Waagerecht:

anduviste, pude, vino, dijo, supisteis, quise, trajo, fue, diste, supe, fui, durmieron, supo, quisimos, dije

Senkrecht:

estuvieron, pusiste, anduve, pudieron, vine, pudiste, dijisteis, traje, fuimos, estuvo, dijeron, puso

Erfolgs-Check

Übung absolviert am:	fiel mir leicht	möchte ich wiederholen
....	☐	☐
....	☐	☐
....	☐	☐

Was haben Sie diese Woche gelernt? Heute können Sie sich testen.

1 Welcher Ausdruck passt nicht in die Reihe?

   a esta semana – el lunes – hoy – este año

   b este mes – en abril – el martes – en 1993

   c el jueves – el fin de semana – nunca – el siglo pasado

2 Welcher Satz ist richtig?

   a Yo ya no he llamado a mi novia.

   b Yo todavía no he llamado a mi novia.

   c Yo no todavía he llamado a mi novia.

3 Wie lautet die richtige Form des *indefinido*?

   a él bailó

   b él bailé

   c él bailo

4 Welcher Satz ist richtig?

   a ¿Alguna vez cantaste en público?

   b ¿Alguna vez has cantado en público?

   c ¿Alguna vez cantas en público?

5 Welches Verb bildet das *indefinido* unregelmäßig?

   a cantar

   b nadar

   c andar

→ *Auflösung*
Siehe nächste Seite

TAG
76

Auflösung:

1 **a** el lunes **b** este mes **c** nunca
2 b
3 a
4 b
5 c

Erfolgs-Check

	fiel mir leicht ↓	möchte ich wiederholen ↓
Übung absolviert am:		
----------------------------------	☐	☐
----------------------------------	☐	☐
----------------------------------	☐	☐

La juventud

In Spanien sind die Jugendlichen besonders von der Wirtschaftskrise betroffen. Während die allgemeine Arbeitslosigkeit bei gut 27 % liegt, beträgt der Anteil der Arbeitssuchenden unter den Jugendlichen etwa 53 %. Selbst wer Arbeit hat, kann damit nicht unbedingt zufrieden sein. Nach einer Studie der Europäischen Union finden weit weniger als die Hälfte der dortigen Universitätsabsolventen eine Stelle, die ihren Qualifikationen entspricht. Die meisten Berufseinsteiger, so sie denn den Einstieg finden, gehören zu den sogenannten *mileuristas* – hochqualifizierten Niedrigverdienern, die mit ungefähr 1000 € *(mil euros)* pro Monat auskommen müssen.

Für die *mileuristas* besteht das Risiko, als erste Generation einen schlechteren Lebensstandard zu erreichen als ihre Eltern. Sich selbst bezeichnen viele junge Spanier als *generación perdida (verlorene Generation)*. Angesichts der geringen beruflichen Erfolgsaussichten macht sich unter vielen jungen Spaniern Resignation breit. Oft sind sie nicht mehr bereit, Kraft in eine ungewisse berufliche Zukunft zu investieren und bezeichnen sich aus dieser Antriebslosigkeit heraus auch als *generación ni-ni: ni trabaja, ni estudia (Generation weder-noch: weder arbeitet sie, noch studiert sie).*

Ordnen Sie die Zimmer den Nummern in der Zeichnung zu.

el cuarto de baño – el dormitorio – el pasillo –
el despacho – el salón – el comedor – el aseo –
el dormitorio de los niños – la cocina – el balcón

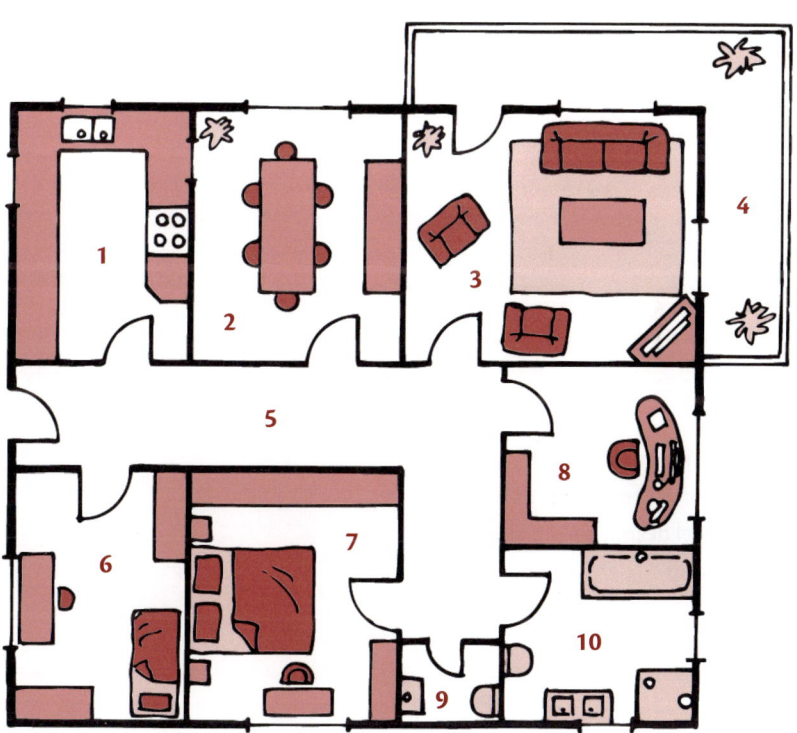

→ *Auflösung*
Siehe nächste Seite

TAG
78

Auflösung:

1 la cocina **2** el comedor **3** el salón **4** el balcón
5 el pasillo **6** el dormitorio de los niños
7 el dormitorio **8** el despacho **9** el aseo
10 el cuarto de baño

Erfolgs-Check

Übung absolviert am:	fiel mir leicht ↓	möchte ich wiederholen ↓
-----------------------------------	☐	☐
-----------------------------------	☐	☐
-----------------------------------	☐	☐

A. Tragen Sie die Objekte in die richtige Kategorie ein.

> la cama – la chimenea – las sábanas – la bañera – el colchón –
> el lavavajillas – la olla – el sillón – la vajilla – la almohada –
> la tostadora – el champú – el jabón – el sofá – el horno de microondas –
> la cortina de baño – la mesilla de noche

el cuarto de baño	el dormitorio	la cocina	el salón

B. Finden Sie Objekte oder Orte außerhalb der Wohnung.

JADÍNPÉRGOLAGARAJEÁRBOLESREJABUZÓN
PERROCOCHETIMBRETECHOPISCINA

→ *Auflösung
Siehe nächste Seite*

TAG
79

Auflösung:

A. **El cuarto de baño:** el jabón, el champú,
   la cortina de baño, la bañera
   El dormitorio: la almohada, la cama,
   las sábanas, el colchón, la mesilla de noche
   La cocina: la olla, la vajilla, la tostadora,
   el horno de microondas, el lavavajillas
   El salón: el sofá, el sillón, la chimenea

B. jardín, pérgola, garaje, árboles, reja, buzón,
   perro, coche, timbre, techo, piscina

Erfolgs-Check

	fiel mir leicht	möchte ich wiederholen
Übung absolviert am:	↓	↓
-----------------------------	☐	☐
-----------------------------	☐	☐
-----------------------------	☐	☐

Jeden Tag ein bisschen ...
SPANISCH

Vervollständigen Sie das Kreuzworträtsel.

Senkrecht:
1. Mueble que está en el comedor junto a la mesa y que sirve para sentarse.
2. Me lavo el pelo no con jabón sino con ...
3. Objeto eléctrico que da luz.
4. Aparato con el que puedo enviar correos electrónicos o acceder a Internet.
5. Planta muy grande que está en el jardín, en un parque o en la calle.
6. Mueble que está en el comedor. Allí podemos comer.
7. Parte exterior y superior de una casa o edificio.
8. Mueble que está en el dormitorio. Allí está la ropa.

Waagerecht:
9. Electrodoméstico que está en la cocina y que lava la vajilla.
10. Parte de la casa donde está el coche.
11. Parte de la pared. A través de ella podemos ver al exterior.
12. Otra palabra para dormitorio o para habitación.
13. Electrodoméstico que lava la ropa.

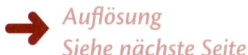

Auflösung
Siehe nächste Seite

TAG
80

Auflösung:

Senkrecht:
1 silla 2 champú 3 lámpara 4 ordenador
5 árbol 6 mesa 7 techo 8 armario
Waagerecht:
9 lavavajillas 10 garaje 11 ventana
12 alcoba 13 lavadora

Erfolgs-Check

Übung absolviert am:

	fiel mir leicht	möchte ich wiederholen
....	☐	☐
....	☐	☐
....	☐	☐

Pablo hat im Lotto gewonnen und erzählt uns von seinem ehemaligen Leben und wie es heute ist. Vervollständigen Sie mit *presente* oder *imperfecto* und verbinden Sie die Sätze.

1	Antes de ganarme la lotería yo _____ (*vivir*) en un pequeño piso en el centro. En cambio ahora…	**a**	…nosotros _____ (*hacer*) barbacoas en nuestro jardín e _____ (*invitar*) a nuestros amigos.
2	Antes yo _____ (*ir*) en metro al trabajo y _____ (*tardar*) una hora. En cambio ahora…	**b**	…mi chófer me _____ (*llevar*) a todas partes.
3	Antes mi perro, Nerón, _____ (*aburrirse*) mucho en el piso. En cambio ahora…	**c**	…nosotros _____ (*ensayar*) en mi casa.
4	Antes mi novia y yo _____ (*hacer*) pícnics en un parque que _____ (*estar*) más o menos cerca del piso. En cambio ahora…	**d**	…mis ex novias me _____ (*llamar*) todo el día por teléfono, por el móvil o me _____ (*escribir*) correos. ¡Qué estresante!
5	Antes mi grupo de música y yo _____ (*alquilar*) un estudio para ensayar. En cambio ahora…	**e**	…_____ (*vivir*) en una casa muy grande en las afueras de la ciudad.
6	Antes mi novia _____ (*querer*) tener un hijo. En cambio ahora…	**f**	…ella _____ (*querer*) tener cinco y, además, otro perro.
7	Antes yo _____ (*tener*) una vida tranquila. En cambio ahora…	**g**	…él _____ (*poder*) correr por el jardín de mi casa.

➡ *Auflösung
Siehe nächste Seite*

TAG 81

Auflösung:

1 vivía – **e** vivo
2 iba, tardaba – **b** lleva
3 se aburría – **g** puede
4 hacíamos, estaba – **a** hacemos, invitamos
5 alquilábamos – **c** ensayamos
6 quería – **f** quiere
7 tenía – **d** llaman, escribe

Erfolgs-Check

Übung absolviert am:	fiel mir leicht	möchte ich wiederholen
	↓	↓
-----------------------------	☐	☐
-----------------------------	☐	☐
-----------------------------	☐	☐

Vervollständigen Sie die Dialoge mit den richtigen Verbformen im *pretérito perfecto, imperfecto* oder *indefinido*.

1 • ¿Diga?

   • ¡Hola, mamá! ¿Sabes qué? ¡Ayer _____ (*ganar*) la lotería! ¡Soy millonario!

   • ...

   • ¿Mamá? ¿Mamá? ¿Estás ahí?

2 • ¿Diga?

   • ¡Hola, Pablo!

   • ¡Mamá! ¿Estás bien?

   • Sí, hijo. _____ (*ser*) la emoción. ¡Felicidades! ¿Y ya _____ (*pensar*) qué vas a hacer con todo el dinero?

   • Claro, esta mañana _____ (*comprar*) una casa nueva para ti, con jardín. Exactamente la casa que tú _____ (*querer*).

   • ...

   • ¿Mamá?

3 • ¡Hola, Manolo! ¿Sabes que Pablo _____ (*ganar*) la lotería la semana pasada?

   • ¿Sí?

   • Sí, y esta semana _____ (*comprar*) una nueva casa en las afueras de la ciudad. También le _____ (*comprar*) una casa a su madre. Además _____ (*donar*) dinero a una ONG que trabaja con niños de la calle y ...

   • ¿Y cómo sabes todo eso?

   • Me lo _____ (*contar*) Marina, su novia. El fin de semana ella y Pablo _____ (*mudarse*) a la nueva casa. Y la próxima semana se van a Nueva York de vacaciones.

   • ¡Qué bien! Yo nunca _____ (*estar*) en Nueva York.

➜ Auflösung
Siehe nächste Seite

TAG 82

Auflösung:

1 gané

2 ha sido, has pensado, he comprado, querías

3 ganó, ha comprado, ha comprado,
ha donado, ha contado, se mudaron,
he estado

Erfolgs-Check

Was haben Sie diese Woche gelernt? Heute können Sie sich testen.

1 Welches Paar passt nicht zusammen?

   a comedor – cocinar

   b dormitorio – tomar el sol

   c el salón – relajarse

2 Wo befinden sich diese Objekte?

   a la cama – las sábanas – el colchón _____

   b el horno de microondas – la olla – la vajilla _____

   c el jabón – el champú – la bañera _____

3 Welches Wort passt nicht in die Reihe?

   a bañera – tostadora – cortina de ducha – agua caliente

   b armario – reja – dormitorio – ropa

   c buzón – timbre – almohada – nombre

4 Vervollständigen Sie den Satz: *Antes mi perro* _____ *en el piso. En cambio, ahora* _____ *por el jardín de mi casa.*

   a se aburre – corre

   b aburríase – corría

   c se aburría – corre

5 Welcher Satz ist richtig?

   a Yo nunca estuve en Nueva York.

   b Yo nunca he estado en Nueva York.

   c Yo nunca estaba en Nueva York.

→ *Auflösung Siehe nächste Seite*

TAG 83

Auflösung:

1 b

2 a dormitorio **b** cocina **c** cuarto de baño

3 a tostadora **b** reja **c** almohada

4 c

5 b

Erfolgs-Check

Sprachen in Lateinamerika

Spanisch ist eine Weltsprache. Außer in Spanien wird sie vor allem in Lateinamerika gesprochen. In vielen Ländern Süd- und Mittelamerikas ist sie die einzige Landessprache, in anderen gibt es neben dem Spanischen weitere offizielle Sprachen. – Doch wie ist es dazu gekommen?

Die Ankunft der Spanier bedeutete für die indigene Bevölkerung Amerikas Kriege, eingeschleppte Krankheiten, Umsiedlungen und Zwangsarbeit. Doch die Besiedlung des amerikanischen Kontinents durch die Europäer zog auch eine Verdrängung der indigenen Sprachen mit sich. Trotz des Einflusses der spanischen Sprache und Kultur konnte ein Teil der Einheimischen den Gebrauch ihrer eigenen Sprache bewahren. Die werden daher bis heute noch gesprochen:

◆ *Arawac* und *Caribe* in Teilen der spanischen Antillen, Venezuelas und Kolumbiens,
◆ *Guaraní* in Paraguay und im Norden Argentiniens,
◆ *Maya-quiché* in Guatemala, Honduras und Yukatan (Mexico),
◆ *Náhuatl* in Mexiko und Zentralamerika,
◆ *Quechua* und *Aymará* in der Andenregion (u. a. in Perú, Bolivien und Ecuador).

Der Gebrauch und die Akzeptanz der indigenen Sprachen ist in den lateinamerikanischen Ländern sehr unterschiedlich. Zu lange Zeit wurden sie durch die Sprache der Einwanderer unterdrückt. Positiv zu betrachten sind allerdings die Versuche, die Sprachen in das Schulwesen einzubeziehen.

Bekanntlich haben wir dem südamerikanischen Kontinent Kartoffeln, Schokolade und andere Delikatessen zu verdanken. Die Namen für *patatas* (Kartoffeln), *tabaco* (Tabak), *chocolate* (Schokolade) u. a. sind aus den Bezeichnungen der einzelnen Indianersprachen abgeleitet.

Wie lauten die passenden Begriffe für folgende Bürogegenstände?

> Tastatur – Locher – Textmarker – Papierkorb –
> Schreibtisch – Büroklammer – Lineal – Aktenschrank –
> Aktenhefter – Tacker – Schere – Kalender

1 el E __ __ R __ __ __ R __ O

2 el T __ __ L __ D __

3 la P __ R __ __ R __ D __ R __

4 el C __ __ P

5 el M __ R __ A __ O __

6 la C A __ P __ T __

7 la R __ G __ A

8 las T __ J __ R __ S

9 el C __ L __ __ D __ R __ O

10 la P __ P __ __ __ R __

11 el A __ C __ I __ A D __ __

12 la G __ __ __ __ __ O __ A

➡ *Auflösung*
Siehe nächste Seite

TAG 85

Auflösung:

1 el escritorio 2 el teclado 3 la perforadora
4 el clip 5 el marcador 6 la carpeta
7 la regla 8 las tijeras 9 el calendario
10 la papelera 11 el archivador
12 la grapadora

Erfolgs-Check

Übung absolviert am:	fiel mir leicht	möchte ich wiederholen
....	☐	☐
....	☐	☐
....	☐	☐

Francisco ist ein *adicto al trabajo* (etwa: Arbeitssüchtiger). Vervollständigen Sie Franciscos Tag mit den richtigen Formen des *pretérito perfecto*.

Hoy es viernes y Francisco **(1)** _____ *(tener)* un día muy agotador.

Primero él **(2)** _____ *(levantarse)* muy temprano, a las 5.30 de la

mañana, para leer algunos documentos del trabajo. Luego **(3)** _____

(ducharse) **(4)** y _____ *(salir)* rápidamente al trabajo. Por el camino

(5) _____ *(comprar)* un cruasán y un café.

Él **(6)** _____ *(abrir)* a las 6.30 la oficina. Obviamente Francisco tiene llaves de

la oficina porque siempre llega el primero. Entre las 8.30 y las 9.00 sus colegas

(7) _____ *(llegar)* de buen humor. A mediodía sus colegas

(8) _____ *(ir)* a la cafetería para comer, pero Francisco solo

(9) _____ *(pedir)* una hamburguesa y **(10)** _____

(comer) en su oficina para trabajar más. Por la tarde **(11)** _____

(organizar) una conferencia, **(12)** _____ *(escribir)* unos 60 correos

electrónicos, **(13)** _____ *(comenzar)* tres proyectos nuevos y

(14) _____ *(preparar)* material para trabajar el fin de semana en casa.

A las 5.30 de la tarde los colegas **(15)** _____ *(irse)* a sus casas, otra vez de

buen humor, pero Francisco **(16)** _____ *(salir)* a las 10.00 de la noche. Por el

camino **(17)** _____ *(comprar)* una pizza y en casa se la

(18) _____ *(comer)* frente al televisor. Por último, a las 11 de la

noche, su novia lo **(19)** _____ *(llamar)* por teléfono de mal humor,

porque Francisco ha olvidado que hoy era su cumpleaños.

*Auflösung
Siehe nächste Seite*

TAG
86

Auflösung:

1 ha tenido **2** se ha levantado **3** se ha duchado
4 ha salido **5** ha comprado **6** ha abierto
7 han llegado **8** han ido **9** ha pedido
10 ha comido **11** ha organizado **12** ha escrito
13 ha comenzado **14** ha preparado
15 se han ido **16** ha salido **17** ha comprado
18 ha comido **19** ha llamado

Erfolgs-Check

	fiel mir leicht	möchte ich wiederholen
Übung absolviert am:	↓	↓
------------------------------------	☐	☐
------------------------------------	☐	☐
------------------------------------	☐	☐

Francisco redet mit seinem besten Freund. Vervollständigen Sie seine Ratschläge mit dem positiven (affirmativen) oder negativen Imperativ.

1 • ¡_____ (llamar) a tu novia y _____ (llevarle)

unas rosas rojas!

2 • ¡No _____ (trabajar) tanto! ¡No es bueno para la salud!

3 • ¡_____ (hacer) deporte, por ejemplo, yoga para relajarte!

4 • ¡_____ (inscribirse) a clases de español! ¡Es muy divertido!

5 • ¡_____ (hacer) los ejercicios del libro *Jeden Tag ein bisschen*

Spanisch!

6 • ¡No _____ (pasar) todo el tiempo frente al ordenador!

7 • ¡No _____ (comer) ni pizzas ni hamburguesas todos los días!

8 • ¡_____ (comer) sanamente!

9 • ¡_____ (dormir) ocho horas diarias!

10 • ¡No _____ (aceptar) más trabajo del que realmente puedes hacer!

11 • ¡_____ (aprender) a delegar tareas!

12 • ¡_____ (decir) "no" cada vez que puedas!

13 • ¡_____ (tomarse) el fin de semana libre!

14 • ¡_____ (relajarse) y _____ (respirar) profundamente!

15 • ¡_____ (tener) paciencia con tu novia! ¡Es normal que esté enfadada!

16 • ¡No _____ (estresarse)!

→ *Auflösung*
Siehe nächste Seite

TAG
87

Auflösung:

1 llama, llévale **2** trabajes **3** haz **4** inscríbete
5 haz **6** pases **7** comas **8** come **9** duerme
10 aceptes **11** aprende **12** di **13** tómate
14 relájate, respira **15** ten **16** te estreses

Erfolgs-Check

Übung absolviert am:

	fiel mir leicht ↓	möchte ich wiederholen ↓
....	☐	☐
....	☐	☐
....	☐	☐

A. Francisco hat sich in einen Yogakurs eingeschrieben. Vervollständigen Sie die Anweisungen der Yogalehrerin an ihre Schüler in der Imperativform der 2. Person Plural.

1 _____ *(respirar)* profundamente.

2 _____ *(subir)* los brazos.

3 _____ *(tomar)* aire y _____ *(soltarlo)* por la nariz.

4 _____ *(juntar)* las manos: "namasté".

5 _____ *(abrir)* las piernas a la misma distancia que los hombros.

6 _____ *(poner)* las manos en el suelo.

7 _____ *(doblar)* las rodillas para hacer "el niño".

B. Worauf beziehen sich die Pronomen? Verbinden Sie.

1	¡Llámala!	a	los tres proyectos
2	¡Delégalas!	b	el ordenador
3	¡No los empieces ahora!	c	a tu novia
4	¡Cómpralas!	d	las tareas
5	¡Hazlos!	e	las rosas rojas
6	¡Pídela!	f	los ejercicios de *Jeden Tag ein bisschen Spanisch*
7	¡Véndelo!	g	una hora con un masajista

➜ *Auflösung
Siehe nächste Seite*

TAG 88

Auflösung:

A. **1** respirad **2** subid **3** tomad, soltadlo
4 juntad **5** abrid **6** poned **7** doblad

B. **1** c – **2** d – **3** a – **4** e – **5** f – **6** g – **7** b

Erfolgs-Check

	fiel mir leicht ↓	möchte ich wiederholen ↓
Übung absolviert am:		
....	☐	☐
....	☐	☐
....	☐	☐

Vervollständigen Sie das Kreuzworträtsel.

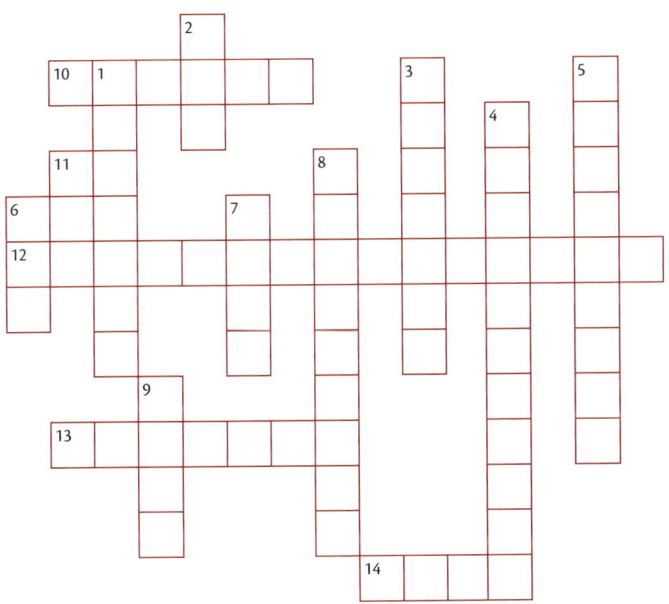

Senkrecht:
1 Lugar preferido de un adicto al trabajo.
2 Imperativo afirmativo de "tener-tú".
3 Yoga, fútbol, tenis son ejemplos de...
4 Es un tipo de comida rápida.
5 Persona que hace masajes.
6 Imperativo afirmativo de "salir-tú".
7 Tipo de flor que a veces un novio le regala a su novia.
8 Lo contrario de estresarse.
9 Objeto de metal muy pequeño que se usa en la oficina para agrupar papeles.

Waagerecht:
10 Otra palabra para "compañero de trabajo".
11 Imperativo afirmativo de "decir-tú".
12 Persona que solamente trabaja, trabaja y trabaja (3 *palabras*).
13 Dar mi trabajo a otra persona.
14 Deporte bueno para relajarse.

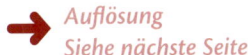
*Auflösung
Siehe nächste Seite*

TAG
89

Auflösung:

Senkrecht:

1 oficina **2** ten **3** deporte **4** hamburguesa
5 masajista **6** sal **7** rosa **8** relajarse **9** clip

Waagerecht:

10 colega **11** di **12** adicto al trabajo
13 delegar **14** yoga

Erfolgs-Check

Übung absolviert am:

	fiel mir leicht	möchte ich wiederholen
	↓	↓
-------------------------	☐	☐
-------------------------	☐	☐
-------------------------	☐	☐

Was haben Sie diese Woche gelernt? Heute können Sie sich testen.

1 Was gehört nicht in ein Büro?

    a la grapadora

    b la tostadora

    c la perforadora

2 Was ist das Gegenteil von ...?

    a de mal humor: _____ .

    b último: _____ .

    c temprano: _____ .

3 Welche Form ist richtig?

    a ¡No te estresas!

    b ¡No estrésate!

    c ¡No te estreses!

4 Worauf bezieht sich das Pronomen im folgenden Satz: ¡*Hazlos!*?

    a excursiones

    b ejercicios

    c yoga

5 Welches Wort passt nicht in die Reihe?

    a tijeras – clip – perforadora – escritorio

    b ten – pon – ven – pan

    c estresante – agotador – buen humor – adicto

➜ *Auflösung
Siehe nächste Seite*

TAG 90

Auflösung:

1 b

2 a de buen humor b primero c tarde

3 c

4 b

5 a escritorio b pan c buen humor

Erfolgs-Check

Übung absolviert am:

	fiel mir leicht	möchte ich wiederholen
-----------------------------------	☐	☐
-----------------------------------	☐	☐
-----------------------------------	☐	☐

Der Jakobsweg –
Alle Wege führen nach Santiago de Compostela

Ob 100 oder 2000 Kilometer – das Pilgern auf dem Jakobsweg ist wieder modern. Auf den Spuren des Apostels Jakobus trifft man heute ganz unterschiedliche Leute, denn die Gründe für eine Reise auf dem Jakobsweg sind so verschieden wie die Pilger selbst.

Der *camino de Santiago* erlebte seine erste Blütezeit, nachdem im 9. Jahrhundert n. Chr. die Überreste des Apostels Jakobus entdeckt wurden. Man errichtete an dem Fundort eine Kirche und später die Kathedrale von Santiago de Compostela. Über die Jahrhunderte nahmen die Pilgerströme in die Hauptstadt Galiciens ab. Erst Ende des 20. Jahrhunderts erfuhr der Jakobsweg eine Renaissance.

Dabei gibt es gar nicht den einen Jakobsweg. Ihr Weg zum Grab des Apostels kann direkt vor Ihrer Haustür beginnen. Je näher man Santiago de Compostela kommt, desto mehr Pilgerwege treffen aufeinander. Der bekannteste ist der *camino francés*. Er führt von den Pyrenäen durch Navarra, vorbei an den Weinstöcken der Rioja und über Castilla-León direkt nach Galicien. Gelbe Pfeile und Jakobsmuscheln weisen den Pilgern den Weg. Diese Wegweiser können Sie in ganz Europa entdecken.

Santiago de Compostela gilt mit 163 Regentagen übrigens als die regenreichste Stadt Spaniens. Wenn Sie es also im strömenden Regen erreichen, sehen Sie es nicht als Ihr persönliches Unglück!

A Vervollständigen Sie die Nachrichten, die auf dem Anrufbeantworter von Patricia hinterlassen wurden, mit folgenden Ausdrücken.

> quiero – mañana – limones y hierbabuena – semanas – crédito –
> cliente – padre – Pedro – oportunidad – duda

Este es el contestador automático de Patricia Ortega. Deje su mensaje después de la señal.

1 ¡Piiiiiip! Hola Patricia, es Franscisco. Disculpa que olvidé tu cumpleaños. ¡Dame otra _____! ¡Llámame por favor! Si quieres podemos comer juntos mañana. Te _____ mucho.

2 ¡Piiiiiip! ¡Hola, guapa! Es Mariana. Mañana es la fiesta en casa de _____. ¿Puedes comprar _____ para el mojito? Yo ya he comprado el ron. ¡Gracias!

3 ¡Piiiiiip! ¡Hola mi hija! ¿Cómo estás? Tú _____ y yo queremos hacer un viaje a Canarias por dos _____. ¿Puedes regar nuestras plantas? Te llamo más tarde. Oye, y recuerda que Francisco es un buen chico.

4 ¡Piiiiiip! Señora Ortega, habla Miranda Nuñez del Banco Nacional. Todavía estamos esperando los papeles para terminar el trámite del _____ que usted quiere. Si tiene alguna _____, puede llamarnos en nuestros horarios de atención: de lunes a viernes entre las 8.00 y las 5.00 de la tarde.

5 ¡Piiiiiip! Hola Patricia, mira, el jefe me ha dicho que vamos a reunirnos con el nuevo _____ a las 9.00 y no a las 10.00 como estaba programado. Entonces, ven a las 9.00. ¡Hasta _____!

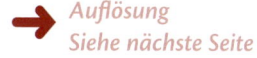
*Auflösung
Siehe nächste Seite*

TAG 92

Auflösung:

A. **1** oportunidad – quiero

2 Pedro – limones y hierbabuena

3 padre – semanas

4 crédito – duda

5 cliente – mañana

Erfolgs-Check

Übung absolviert am:	fiel mir leicht ↓	möchte ich wiederholen ↓
....	☐	☐
....	☐	☐
....	☐	☐

A. Ergänzen Sie die Tabelle mit den richtigen Formen des
presente de subjuntivo.

	regar	**tener**	**reunirse**	**ir**
yo			*me reúna*	
tú	*riegues*	*tengas*		*vayas*
él/ella, usted			*se reúna*	
nosotros/as	*reguemos*	*tengamos*		*vayamos*
vostros/as	*reguéis*		*os reunís*	
ellos/ellas, ustedes		*tengan*		*vayan*

B. Vervollständigen die Sätze mit dem *presente de subjuntivo.*

1 Francisco le pide a Patricia que lo _____ *(llamar)*.

2 Francisco quiere que él y Patricia _____ *(ir)* a comer a un
restaurante.

3 La madre de Patricia quiere que ella _____ *(regar)* las plantas.

4 La señora Miranda le exige a Patricia que _____ *(enviar)*
los papeles para el crédito.

5 El jefe quiere que sus empleados _____ *(reunirse)* con el nuevo
cliente a las 9.00 de la mañana.

6 El colega de Patricia le recomienda que _____ *(venir)*
a las 9.00 a la oficina.

→ *Auflösung*
Siehe nächste Seite

TAG 93

Auflösung:

A. **regar:** riegue, riegues, riegue, reguemos, reguéis, rieguen

tener: tenga, tengas, tenga, tengamos, tengáis, tengan

reunirse: me reúna, te reúnas, se reúna, nos reunamos, os reunáis, se reúnan

ir: vaya, vayas, vaya, vayamos, vayáis, vayan

B. **1** llame **2** vayan **3** riegue
4 envíe **5** se reúnan **6** venga

Erfolgs-Check

	fiel mir leicht	möchte ich wiederholen
Übung absolviert am:	↓	↓
....	☐	☐
....	☐	☐
....	☐	☐

Suchen Sie Verben oder Ausdrücke, die *subjuntivo* erfordern.

```
A  L  E  G  R  A  R  S  E  P  A  T
T  E  M  E  R  U  I  P  O  Z  E  P
G  I  Ñ  X  E  S  I  E  N  O  X  R
R  E  C  O  M  E  N  D  A  R  I  E
A  S  Y  O  S  N  S  I  N  L  G  O
P  P  R  M  A  T  E  R  Q  U  I  C
O  E  H  O  V  I  C  E  U  T  R  U
N  R  E  L  I  R  A  M  E  N  O  P
L  A  M  E  N  T  A  R  R  A  Z  A
A  R  U  S  I  Ñ  E  O  E  T  I  R
Q  U  E  T  I  E  R  N  R  Ñ  O  S
Ñ  I  T  A  D  E  S  E  A  R  I  E
R  A  Q  R  S  E  R  O  G  A  R  A
C  O  M  P  R  E  N  D  E  R  E  S
```

Waagerecht:	**Senkrecht:**
1 _____	1 _____
2 _____	2 _____
3 _____	3 _____
4 _____	4 _____
5 _____	5 _____
6 _____	6 _____
7 _____	7 _____

➔ *Auflösung
Siehe nächste Seite*

TAG 94

Auflösung:

Waagerecht:
alegrarse, temer, recomendar, lamentar, desear, rogar, comprender

Senkrecht:
esperar, molestar, sentir, pedir, querer, exigir, preocuparse

Erfolgs-Check

	fiel mir leicht	möchte ich wiederholen
Übung absolviert am:	↓	↓
-----------------------------------	☐	☐
-----------------------------------	☐	☐
-----------------------------------	☐	☐

Verbinden Sie die Spalten, sodass sich sinnvolle Sätze ergeben.

1	Los niños esperan...		**a**	...no puedas venir a mi fiesta.
2	El piloto les desea a los pasajeros...		**b**	...deje de fumar.
3	Francisco siente...		**c**	...sus hijos tengan mejores posibilidades de educación.
4	A mi colega le molesta...		**d**	...su novia Patricia esté enfadada con él.
5	Los padres quieren...	que	**e**	...prueben la dorada a la plancha.
6	El médico le exige a su paciente...		**f**	...yo lleve a mi perro, Nerón, a la oficina.
7	El chef del restaurante les recomienda a sus clientes...		**g**	...tengan un buen viaje.
8	Lamento...		**h**	...Papá Noel traiga esta Navidad más regalos que el año pasado.

➡ *Auflösung*
Siehe nächste Seite

TAG
95

Auflösung:

1 h – **2** g – **3** d – **4** f – **5** c – **6** b – **7** e – **8** a

Erfolgs-Check

	fiel mir leicht ↓	möchte ich wiederholen ↓
Übung absolviert am:		
-----------------------------	☐	☐
-----------------------------	☐	☐
-----------------------------	☐	☐

Pablo, sechs Jahre alt, hat dem Weihnachtsmann einen Brief geschrieben. Vervollständigen Sie den Brief mit den richtigen Formen des *presente de subjuntivo* folgender Verben.

tener – poder – estar – nevar – visitar – pasar – volver – aprender

Querido Papá Noel:

¿Qué tal todo en el Polo Norte? Espero que tú y los renos *(Rentier)*

(1) _____ bien. Este año me he portado muy bien. Por eso mis

padres te envían esta carta con mis deseos:

Mi papá llega muy tarde del trabajo. Quiero que él **(2)** _____ a

casa más temprano y que **(3)** _____ más tiempo para jugar con

nosotros. Mis hermanas mayores a veces cocinan. ¡Es terrible! Espero que ellas

(4) _____ un curso de cocina en la Universidad Popular.

Mi hermanito, el pequeño, todavía no sabe caminar. Espero que él

(5) _____ rápidamente a caminar para jugar con él al fútbol. Mis

abuelos viven muy lejos. Espero que este año ellos **(6)** _____ la Navidad

con nosotros. Por último, espero que en esta Navidad **(7)** _____

mucho. Me encanta la Navidad con nieve. Como ves, no he pedido bicicletas ni

juguetes como todos los niños, sino cosas que me pueden hacer más feliz. Ojalá

(tú) **(8)** _____ hacer mis deseos realidad.

Saludos,

Pablo

*Auflösung
Siehe nächste Seite*

TAG 96

Auflösung:

1 estéis **2** vuelva **3** tenga **4** visiten
5 aprenda **6** pasen **7** nieve **8** puedas

Erfolgs-Check

	fiel mir leicht ↓	möchte ich wiederholen ↓
Übung absolviert am:		
------------------------------------	☐	☐
------------------------------------	☐	☐
------------------------------------	☐	☐

Was haben Sie diese Woche gelernt? Heute können Sie sich testen.

1 Wie lautet das Substantiv zu ...?

    a tramitar: _____

    b problemático: _____

    c atender: _____

2 Ergänzen Sie mit dem *presente de subjuntivo*.

    a yo (tener): _____

    b yo (venir): _____

    c yo (hacer): _____

3 Welches Verb erfordert kein *subjuntivo*?

    a querer que

    b tener que

    c esperar que

4 Welches Wort passt nicht in die Reihe?

    a piloto – viaje – dorada – pasajeros

    b cliente – Papá Noel – regalo – Navidad

    c jefe – colega – chef – cliente

5 Vervollständigen Sie den Satz:
  Querido Luis: ¿Qué tal? Espero que _____ bien.

    a estoy

    b estés

    c estás

➜ *Auflösung*
Siehe nächste Seite

TAG
97

Auflösung:

1 **a** el trámite **b** el problema **c** la atención
2 **a** tenga **b** venga **c** haga
3 b
4 **a** dorada **b** cliente **c** chef
5 b

Erfolgs-Check

Übung absolviert am:	fiel mir leicht ↓	möchte ich wiederholen ↓
....	☐	☐
....	☐	☐
....	☐	☐

Vacaciones de navidades –
Zwei Wochen lang Weihnachten feiern

Drei Tage lang Weihnachten und kurz darauf noch Silvester feiern, das hört sich eigentlich ganz gut an. Aber wie klingen für Sie 14 Tage *vacaciones de navidades* (Weihnachtsferien)?

Weihnachten *(Navidades)* in Spanien umfasst die Zeit von Heiligabend *(la Nochebuena)* bis zum Dreikönigstag *(el día de Reyes)* am 6. Januar. Natürlich gibt es auch Spanier, die in dieser Zeit arbeiten müssen, doch wer kann, hält sich den Zeitraum frei.

Heiligabend und der 1. Weihnachtsfeiertag werden mit der Familie verbracht. Ähnlich wie die Sternsinger gehen in kleineren Ortschaften die Kinder von Haus zu Haus und singen *villancicos* (Weihnachtslieder). Sie bekommen dafür etwas Geld oder Süßigkeiten. Um Mitternacht gehen viele Spanier in die Mitternachtsmesse, die sogenannte *misa del gallo* („Hahnenmesse"). Nach der Messe versammeln sie sich häufig auf Plätzen, singen Weihnachtslieder und feiern.

Beim Festtagsessen am 1. Weihnachtsfeiertag gibt es regionale Spezialitäten, z. B. einen *pavo de navidad* (eine Weihnachtspute). Beliebte Weihnachtssüßigkeit ist das *turrón*, das aus Mandeln, Zucker, Eiern und Honig hergestellt wird.

In der Zeit bis zur eigentlichen Bescherung (und dem Ende der schönen Weihnachtszeit) am Dreikönigstag finden überall in Spanien unterschiedliche traditionelle Feste statt. Am 28. Dezember wird der *día de los Santos Inocentes* (Tag der unschuldigen Kinder) gefeiert. Er ähnelt unserem 1. April: Wer sich einen Scherz erlaubt hat, ruft: *„¡Inocente, inocente!"*. An Silvester *(la Nochevieja)* verzehrt man traditionell Trauben: Um Mitternacht wird mit jedem Glockenschlag eine der zwölf *uvas de la suerte* (Glückstrauben) gegessen.

¡Felicidades!

El candidato / La candidata _____

nacido el _____ de _____ de _____
ha aprobado el examen Lextra con honores.

El candidato / La candidata es a partir de ahora un diplomado /
una diplomada de **Lextra** de lengua española.

Firma: _____

Fecha: _____

lex:tra

Pequeño diccionario de viaje
Kleines Reisewörterbuch

Nützliche Ausdrücke Expresiones útiles

Hallo / Guten Tag	¡Hola! / Buenos días / Buenas tardes
Entschuldigung	Disculpe
Ich verstehe (nicht)	(No) entiendo.
Hier spricht ...	Habla…
Können Sie / Kannst du das bitte wiederholen?	¿Puede/ Puedes repetir, por favor?
Ich spreche nicht gut Spanisch.	No hablo muy bien español.
Sprechen Sie / Sprichst du ...?	¿Habla / Hablas…
Spanisch?	español?
Deutsch?	alemán?
Englisch?	inglés?
Können Sie / Kannst du mir helfen?	¿Puede / Puedes ayudarme?
Einen Moment bitte.	Un momento, por favor.
Ja / Nein	Sí / No
Auf Wiedersehen / Tschüss.	Adiós / ¡Hasta luego!

Im Notfall En caso de emergencia

Bitte rufen Sie einen Arzt / Krankenwagen.	Por favor, ¡llame a un médico/a una ambulancia!
Es ist ein Notfall.	Es una emergencia.

Ich bin krank.	Estoy enfermo/a.
Ich bin gegen … allergisch …	Soy alérgico/a a…
Mir ist übel.	Tengo nauseas.
Mir ist schwindlig.	Estoy mareado/a.
Mir tut / tun … weh.	Me duele el/la…
Ich habe Kopf- / Magen- / Hals- / Rücken- / Zahn- / Ohrenschmerzen.	Tengo dolor de cabeza / garganta / espalda / muelas / oídos.
Sonnenstich, Sonnenbrand	insolación, quemaduras de sol
Durchfall	diarrea
Fieber	fiebre
Medikament	medicamento / remedio
Schmerzmittel	analgésico
112 (Notruf)	112 (teléfono de emergencias)

Am Flughafen En el aeropuerto

Flugticket	billete de avión
Hin- und Rückflug	vuelo de ida y vuelta
Bordkarte	tarjeta de embarque
Reisepass / Ausweis	pasaporte / documento de identificación
Handgepäck	equipaje de mano
Koffer	maleta
Fenster- oder Gangplatz?	¿Ventana o pasillo?

Flugsteig (Gate)	puerta de embarque
Sicherheitskontrolle	control de seguridad
Passagier	pasajero
Boarding	embarque
Ankunft / Landung	llegada / aterrizaje
Abflug	salida
Verspätung	retraso
Mein Koffer ist nicht gekommen.	Mi maleta no ha llegado.
unterwegs	en camino

Mit dem Taxi En taxi

Können Sie mir bitte ein Taxi rufen?	¿Me puede llamar un taxi, por favor?
Wohin?	¿Adónde?
(Fahren Sie mich) bitte zum Hotel ... / in die ...-Straße.	Al hotel... / a la calle..., por favor.
Wie viel kostet das?	¿Cuánto cuesta / cuestan?
Sie können hier anhalten.	¿Puede parar aquí, por favor?

Mit öffentlichen Verkehrsmitteln En transporte público

Können Sie / Kannst du mir den Weg nach ... sagen?	¿Cómo llego a...?
Wo muss ich umsteigen / aussteigen?	¿Dónde tengo que cambiar / bajarme?
Haltestelle	parada

Fahrplan	horario de transportes
Bahnhof	estación
Linie	línea
Zug	tren
Bus	autobús
U-Bahn	metro
Fahrkarte	billete
Tageskarte, Wochenkarte	billete de un día / billete semanal

Mit dem Mietauto Alquiler de coches

Ich möchte ein Auto für … Tage mieten.	Quería alquilar un coche para …. días.
Führerschein	licencia / carné de conducir
Vollkaskoversicherung	seguro contra todo riesgo
Tankstelle	estación de servicio, gasolinera
Benzin / Diesel	gasolina / Diesel
Kindersitz	silla para niños

Im Hotel En el hotel

Es ist kein Zimmer mehr frei. / Wir sind ausgebucht.	No hay habitaciones libres. / El hotel está lleno.
Ich habe eine Reservierung.	Tengo una reserva.
Auf welchen Namen?	¿A nombre de quién?
Doppelzimmer	habitación doble
Einzelzimmer	habitación individual

mit / ohne Frühstück	con / sin desayuno
Können Sie bitte hier unterschreiben?	¿Puede firmar aquí, por favor?
Hier ist Ihr Schlüssel.	Aquí tiene la llave.
Es ist das Zimmer Nr. ..., im ... Stock.	Es la habitación número ... en el ... piso.
Bis um wie viel Uhr gibt es Frühstück?	¿Hasta qué hora se puede desayunar?
Wo kann ich Wertsachen lassen?	¿Dónde puedo dejar los objetos de valor?
Bis wann muss ich auschecken?	¿Hasta qué hora hay que hacer el *check-out*?
Zahlen Sie bar oder mit (Kredit-) Karte?	¿Paga con tarjeta o en efectivo?

Im Restaurant En el restaurante

Ich möchte einen Tisch für ... Personen reservieren.	Quería reservar una mesa para ... personas.
Können wir uns hier hinsetzen?	¿Podemos sentarnos aquí?
Wo sind die Toiletten?	¿Dónde están los servicios?
Speisekarte	el menú
Vorspeise / Hauptgericht / Nachtisch	entrada / plato principal / postre
Was bekommen Sie?	¿Quieren pedir?
Was empfehlen Sie uns?	¿Qué nos recomienda?
Was ist das Tagesgericht?	¿Cuál es el plato del día?

kleine / große Portion	porción pequeña / grande
Könnten Sie uns bitte die Rechnung bringen?	¿Nos trae la cuenta, por favor?
Trinkgeld	la propina

Üblicherweise lässt man in spanischen Restaurants, Cafés oder Bars nach dem Bezahlen einfach ein Trinkgeld auf dem Tisch liegen. Man kann aber auch beim Bezahlen **„Está bien así"** (Stimmt so) oder, wenn der Kellner herausgeben möchte, **„Se puede quedar con el cambio"** (Sie können das Wechselgeld behalten) sagen.

Beim Einkaufen De compras

Supermarkt	supermercado
Markt	mercado
Bäckerei	panadería
Geschäft / Laden	tienda
Einkaufszentrum	centro comercial
Öffnungszeiten	horario de apertura
kaufen	comprar
Wo ist der nächste Supermarkt?	¿Dónde está el supermercado más cercano?
Wie viel kostet das?	¿Cuánto cuesta?
Kann ich mal schauen / probieren?	¿Puedo ver / probar?